로봇 박사 데니스 홍의 꿈 설계도

샘터가 소망하는 우리 아이들의 얼굴입니다.
이 행복한 마음 담아 여러분 곁으로 찾아가겠습니다.
www.isamtoh.com

로봇 박사 데니스 홍의 꿈 설계도

글 데니스 홍 · 그림 유준재

샘터

일러두기

《로봇 박사 데니스 홍의 꿈 설계도》는 단행본 《로봇 다빈치, 꿈을 설계하다》의 내용을 재구성하여 어린이 대상으로 출간한 도서입니다.

1판 1쇄 발행 2014년 8월 22일 | **1판 21쇄 발행** 2025년 7월 31일
글쓴이 데니스 홍 | **그린이** 유준재 | **구성** 성연이 | **펴낸이** 김성구

콘텐츠본부 고혁 양지하 김초록 이은주 류다경 이영민
마케팅부 송영우 김지희 강소희 | **제작** 어찬 | **관리** 안웅기 이종관 홍성준

펴낸곳 (주)샘터사 | **등록** 2001년 10월 15일 제1-2923호
주소 서울 종로구 창경궁로35길 26 2층 (우편번호 03076)
전화 1877-8941 | **팩스** (02)3672-1873
전자우편 kidsbook@isamtoh.com | **홈페이지** www.isamtoh.com

ⓒ글 데니스 홍, 그림 유준재, 2014

이 책은 저작권법에 의해 보호를 받는 저작물입니다. 이 책에 수록된 글과 이미지를
사용하고자 할 때에는 반드시 저작권자와 (주)샘터사의 서면 허락을 받아야 합니다.

ISBN 978-89-464-1647-5 73810

샘터 1% 나눔실천 샘터는 모든 책 인세의 1%를 '샘물통장' 기금으로 조성하여
매년 소외된 이웃에게 기부하고 있습니다. 2024년까지 약 1억 1,650만 원을 기부하였으며,
앞으로도 샘터는 책을 통해 1% 나눔실천을 계속할 것입니다.

꿈을 좇는 소년 데니스 홍이
로봇 박사를 꿈꾸는 아이들에게

• 차례

1장 스타워즈와 함께 꿈을

안녕? 개구쟁이 데니스! •10
스타워즈를 처음 만난 날 •16
세상에서 가장 멋진 선물 •20
시큼한 식초 로켓 •22
진짜 로켓을 만들고 싶어 •27
호기심 천국 과학부 생활 •33
간절히 원하면 꿈은 이루어진다 •36
데니스 홍, 노력의 흔적들 •42
미국으로 가다! •44
강아지 살리기 프로젝트 •49

2장 세상을 향해 한 걸음 더

꿈을 향해 걸어가는 길 •56
포기하지 않는 게 중요해 •63
아메바를 닮은 로봇을 만들겠다고? •70
스트라이더가 탄생할 수 있었던 이유 •76
꿈의 공장에 오신 걸 환영합니다! •82
왜? 창의력은 공부가 아니니까! •86
인간에게 행복을 주는 로봇 •92

3장 누구나 행복할 권리가 있다

우연히 시작된 프로젝트 • 102
가장 행복한 미소를 목격하다 • 109
세상을 바꾸고 있다는 증거 • 113
꿈의 무대에 서다 • 120
개구쟁이에서 로봇 박사로, 데니스 홍의 변신 설계도 • 124

4장 세상과 나누는 꿈

나눔은 곧 발전이 된다 • 128
인간과 로봇, 모두의 월드컵을 향해 • 134
인류를 구할 로봇 프로젝트 • 140
과학자의 가슴으로 인간을 생각하라 • 144
로멜라 로봇, 명예의 전당 • 152

글쓴이의 말 • 154

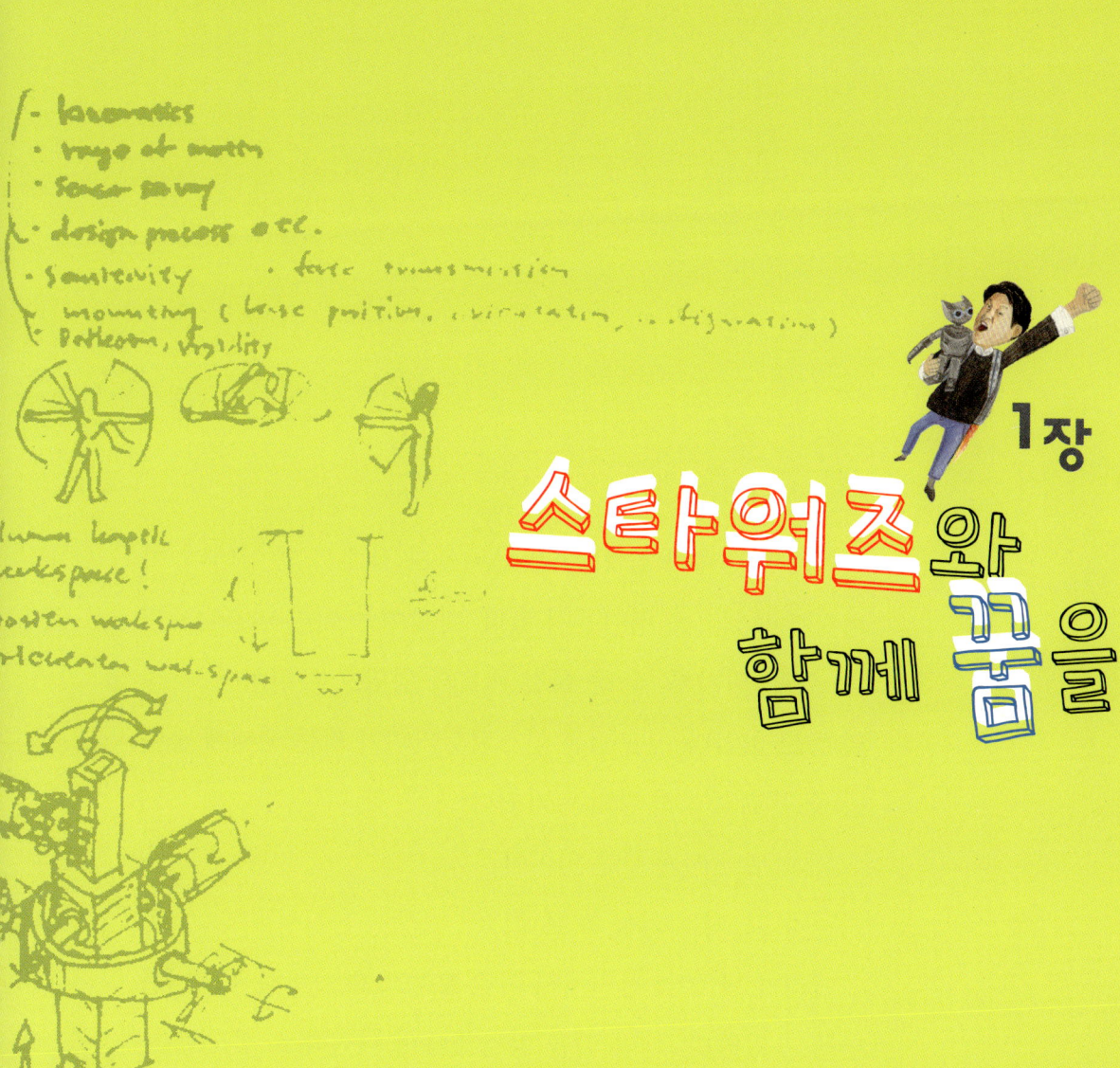

1장
스타워즈와 함께 꿈을

안녕? 개구쟁이 데니스!

"불이야!"

매캐한 냄새가 집 안을 가득 메우자 잠에서 깬 어머니, 아버지가 부엌으로 뛰어들어 왔다. 바닥에는 이미 인스턴트커피, 설탕, 밀가루, 꿀 등 온갖 재료가 엉망으로 뒤섞여 발 디딜 틈도 없었다. 부모님은 인스턴트커피가 타는 냄새에 불이 난 줄 알고 놀라서 달려온 거였다.

"새벽부터 이게 무슨 일이야?"

"아이고, 이 녀석들 좀 보게!"

난리가 난 부엌 한편에서 어린 오누이가 열심히 무언가를 만들고 있었다. 마법 약을 만들겠다며 나름대로 심각한 누나 옆에서 온몸이 꿀 범벅이 된 채 신 나게 웃는 세 살배기 소년! 한국 이름은 홍원서. 바로 나, '데니스 홍'이다.

　어렸을 때부터 나는 누구나 인정하는 장난꾸러기였다. 어머니 배 속에서 하도 장난을 쳐서, 아버지가 내 이름을 만화 〈개구쟁이 데니스〉의 주인공 이름에서 따왔을 정도다. 호기심 많은 개구쟁이였던 만큼, 사고도 많이 쳤다.

　글자를 더듬더듬 읽기 시작할 즈음, 그림책을 보던 내 눈에 확 들어온 그림이 있었다. 지렛대의 원리를 설명하는 내용이었는데, 그걸 보자마자 당장 실험해 봐야겠다는 생각이 들었다.

　나는 거실 탁자 위에 있던 유리를 끙끙대며 반쯤 끌어내, 비스듬히 기대어 놓고 올라섰다.

　그 순간…… 우지끈! 쩍!

지렛대의 원리

누르면 → 올라간다!

힘점　　반침점　　작용점

'힘점-반침점' 사이의 거리가 '반침점-작용점' 사이의 거리보다 길수록 작은 힘으로도 쉽게 움직일 수 있다.

"으아아악!"

내 무게를 이기지 못한 유리가 와장창 무서운 소리를 내면서 깨졌다.

"원서야!"

소리를 듣고 달려온 어머니의 품에 숨어들었지만, 놀란 내 가슴은 여전히 펄떡펄떡 뛰었다. 하지만 큰 사고가 날 뻔한 뒤로도 내 모험은 멈추지 않았다.

유치원에 들어간 무렵이었다. 놀이터 모래밭에서 놀다가 문득 여기서 얼마나 깊이 파고들어 가야 땅끝이 나올까 궁금해졌다.

늦은 저녁이었지만 나는 아랑곳하지 않고 흙을 파기 시작했다. 같이 놀던 친구들이 하나둘 집으로 돌아가는 것도 모른 채, 하염없이 땅을 파다가 고개를 들어 보니…… 아차, 이미 밤 12시가 넘은 지 오래였다!

내 이름을 부르며 찾아다닐 부모님이 떠오르지 않았다면, 아마 그날 난 정말로 땅끝이 나올 때까지 땅을 팠을지도 모른다.

부모님의 걱정에도 천방지축 놀러 다니던 어느 날, 아버지가 나를 불렀다.

"원서야, 이리 와 볼래?"

"우아!"

아버지의 목소리를 따라 쪼르르 달려가 보니, 그곳에는 생각지도 못한 특별한 선물이 있었다. 바로 아버지가 직접 만든 공작대! 그야말로 하늘을 나는 기분이었다.

내 방 한구석에 자리 잡은 공작대에는 톱, 망치, 드라이버, 펜치, 칼 같은 공구들이 있었다. 호기심과 실험 정신으로 똘똘 뭉친 내게 공작대는 최고의 놀이터였다.

아직 유치원생이었던 나는 아버지의 도움을 받아 공구를 안전하게 다루는 법을 배우고, 틈만 나면 공작대 앞에 앉아 이것저것 만들고 분해했다. 공작대에서 놀면 놀수록 궁금한 것이 더욱 많아졌다.

결국 내 호기심 레이더는 점차 공작대를 벗어나 집 안 전체로 향하기 시작했다. 첫 목표물은 라디오였다. 작은 크기의 라디오는 분해하는 데 그리 오래 걸리지 않았다. 라디오를 해치운 뒤에는 목표물이 점점 커졌다. 믹서, 청소기 그리고 세탁기까지! 내 손에 걸린 가전제품은 모두 제 모습으로 남아 있지 못했다. 하지만 하루 종일 가전제품을 뜯어내고, 그 속을 샅샅이 살펴보는 게 내게는 즐거운 놀이였다.

그러던 어느 날이었다.

"아니, 이게 어떻게 된 일이지?"

"그러게요. 아까만 해도 멀쩡했던 텔레비전이 왜 이러죠?"

어머니와 아버지가 거실에서 당황한 채로 나누는 대화 소리가 내 방까지 들렸다. 숨죽여 부모님의 대화를 듣고 있던 나는 조마조마했다. 실은 어제 집에 들여놓은 컬러 텔레비전에서 어떻게 총천연색의 화면이 나오는지 궁금해, 분해해 봤기 때문이다.

이제까지 여러 가전제품을 뜯어 봤지만, 컬러 텔레비전은 무척 비싸서 손대기까지 많이 망설였다.

'아무래도 혼날 것 같은데……. 그래도 무지무지 궁금해! 대체 어떻게 화면에 색깔이 나오는 거지? 아, 뜯어 보고 싶다.'

머릿속에서 여러 생각이 엎치락뒤치락했지만, 결국 호기심이 승리하고 말았다. 나는 눈을 반짝이며 드라이버를 들고 텔레비전을 분해하기 시작했다. 네모난 텔레비전은 여러 부품으로 복잡하게 채워져 있었다.

컬러 텔레비전은 어떻게 작동해서 화면과 소리가 나오는 걸까? 누가 이 궁금증을 시원하게 풀어 주면 좋으련만!

조마조마한 심정은 어느새 뒤로 밀려나고, 다시 텔레비전의 작동 원리를 생각하던 차에 부모님이 부르는 소리가 들렸다.

"원서야, 혹시 네가 텔레비전을 이렇게 만들었니?"

"네…… 잘못했어요. 어떻게 나오는 건지 궁금해서……."

"그래서 텔레비전이 어떻게 나오는지 알아냈어?"

"잘 모르겠어요."

이번만큼은 크게 혼나지 않을까 걱정했는데, 아버지는 별일 아니라는 듯이 나를 앉혀 놓고 컬러 텔레비전이 작동되는 원리를 차근차근 설명해 주었다.

호기심 때문에 사고를 일으킬 때마다 부모님은 날 혼내는 대신, 궁금증을 풀 수 있도록 도와주었다. 지금 생각하면 속상하고 걱정스런 일도 많았을 텐데 말이다.

컬러 텔레비전의 원리

텔레비전 브라운관의 뒷면에는 빨강, 파랑, 초록의 빛을 내는 형광 물질이 순서대로 발려 있다. 빛의 삼원색인 세 가지가 섞이면서 컬러 텔레비전의 모든 색을 표현하는 것이다.

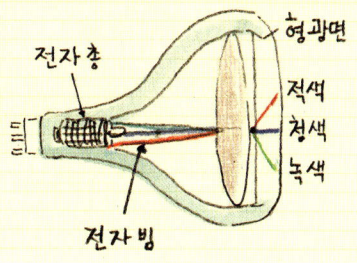

형광 물질이 발린 면 뒤에는 전자총이 있다. 전자총에서 나온 전자 빔이 형광 물질에 닿으면 적색, 녹색, 청색의 빛을 낸다. 이 색들이 섞이면서 사람들에게는 움직이는 텔레비전 화면으로 보이는 것이다.

요즘의 얇은 컬러 텔레비전은 덩치가 큰 브라운관과 전자총 대신에 발광 다이오드(LED), 액정 디스플레이(LCD), 플라스마(Plasma) 등을 사용한다.

스타워즈를 처음 만난 날

"엄마, 엄마! 스타워즈 보러 가요, 네?"

당시에 한창 인기 있던 공상 과학 영화〈스타워즈〉가 개봉하자, 나는 어머니에게 영화를 보러 가자고 졸랐다.

결국 승낙을 받아 영화관에 가는 내내 무척 들떴다. 입구에 쳐 놓은 두꺼운 커튼을 열고 들어선 극장에는 은은한 불빛이 깔려 있었다. 나는 두근대는 마음으로 자리에 앉았다.

잠시 뒤에 불이 꺼지고 주위가 온통 깜깜해졌다. 그때, 화면 가득 별이 쏟아졌다.

빰 빰빰 빰밤! 웅장한 음악 소리와 함께 '스타워즈'라는 제목이 화면 가득히 떠올랐다. 두꺼운 황금색 글씨는 우주로 빨려 들어가듯 사라졌다. 내 마음도 스타워즈의 우주선과 함

〈스타워즈〉의 로봇 R2-D2, C-3PO. 일곱 살에 본 영화 〈스타워즈〉는 내 인생을 바꾸어 놓았다. 영화를 보고, 사람을 돕는 유용한 로봇을 만들겠다고 결심한 것이 내 꿈의 시작이 되었다.

께 은하 제국으로 떠나는 것만 같았다.

나는 영화에 완전히 빠져들었다. 끝도 없는 우주를 날아다니는 우주선이 내 마음을 뒤흔들었다. 제국군 우주선이 레이저 광선을 쉴 새 없이 쏘며, 작은 우주선을 뒤쫓는 장면이 나올 때면 내가 쫓기는 것처럼 몸이 옆으로 기울었다.

주인공이 위험해질수록 엉덩이는 안절부절 들썩거리고, 꼭 쥔 주먹에 땀이 찼다. 제발, 제발 로봇들이 무사하기를!

"우리는 끝났다!"

인간을 닮은 황금색 로봇 C-3PO가 높은 톤의 목소리로 말했다.

"삐릿삐릿 휘용!"

깡통 로봇 R2-D2가 휘파람을 불 듯 대답했다.

영화가 모두 끝나고 극장에 불이 환하게 켜졌지만, 내 마음은 여전히 우주에 있었다. 로봇 R2-D2와 C-3PO가 주인공을 도와 공주를 구하는 모습이 눈에 선했다.

'로봇과 사람이 친구처럼 지내고, 서로를 돕는다니…… 정말 멋지다.'

영화관에 가던 길에는 신이 나서 재잘재잘 떠들었지만, 돌아오는 길에는 다른 생각에 푹 잠겨 있었다. 그 로봇들은 누가 만든 걸까? 실제로 있는 로봇일까?

"아빠, 스타워즈의 로봇이 계속 생각나요. 누가 만든 거예요?"

"아마 영화를 만드는 사람들이 모형으로 만들었을 거야."

"실제로 있는 로봇이 아니고요?"

"그렇단다."

"진짜 로봇을 만드는 사람도 있어요?"

"그럼. 영화에서 본 것처럼 로봇은 사람을 도울 수 있거든. 아직은 그런 로봇이 나오지 않았지만, 연구하는 사람들이 많으니까 머지않아 나올 거야."

"그런 사람들을 뭐라고 불러요?"

"로봇 과학자라고 하지."

"저도 이다음에 크면 로봇 과학자가 될 수 있어요?"

"물론이고말고! 열심히 노력하면 로봇 과학자든 뭐든 할 수 있단다."

이때부터 나는 '로봇 과학자'가 되겠다고 다짐했다. 별을 헤치며 우주를 모험하는 로봇! 그 멋진 로봇을 만드는 사람이 되겠다는 꿈이 반짝이기 시작했다.

세상에서 가장 멋진 선물

"우아! 아빠, 고맙습니다!"

아버지께 고맙다는 인사를 하면서도 내 시선은 다른 곳에 가 있었다.

내가 초등학교에 입학하자, 아버지는 화학 실험을 할 수 있는 여러 약품과 도구들을 사 줬다. 반짝반짝 빛나는 유리 비커, 시험관, 플라스크까지! 모두 아버지의 선물이었다. 새로운 실험 재료가 늘어선 내 공작대는 정말 근사했다.

"원서야, 새로운 도구들은 마음껏 사용하려무나. 하지만 무엇보다 안전하게 사용해야 해!"

"네, 아빠. 조심해서 쓸게요."

"무슨 실험이든 해도 좋지만, 마음이 앞서 서두르다가는

플라스크
목이 길고 몸은 둥글게 만든 화학 실험용 유리병을 말한다. 둥근바닥·넓적바닥·삼각 플라스크 등이 있다.

크게 다칠 수 있어. 항상 조심해야 한다. 그렇게 할 수 있겠니?"

"걱정 마세요. 과학 시간에 배우는 대로 할 거예요!"

어렸을 때부터 장난꾸러기였던 나는 부모님을 종종 불안하게 만들었다. 지금 생각해 보면 혼날 일도 참 많았다. 그럴 때마다 부모님은 나를 혼내는 대신 '꼭 지켜야 할 약속'을 다짐하게 했다.

위험한 약품으로 실험할 때는 먼저 무엇을 어떻게 하려는지 부모님께 설명하고, 꼭 허락을 받았다. 피부에 닿으면 위험한 약품이 많기 때문이다.

실험을 차분하게 해야 한다는 점도 약속 중 하나였다. 실험 도구는 유리라서 조심히 다뤄야 하고, 알코올램프는 불을 신경 써야 한다. 어렸을 적 아버지 말씀처럼 그때나 지금이나 가장 중요한 것은 안전, 또 안전이다.

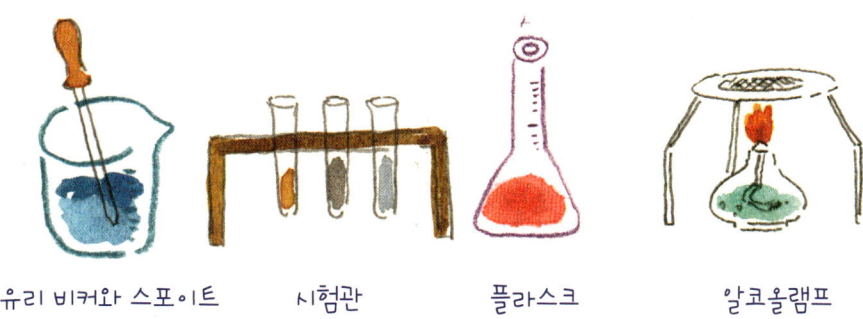

유리 비커와 스포이트　　시험관　　플라스크　　알코올램프

시큼한 식초 로켓

"형아, 지금 봤어?"

"응! 너도 봤어?"

"우아, 저게 뭐지?"

어느 날, 텔레비전에서 하늘 높이 쑝 날아오르는 로켓 모형을 보게 되었다. 중계방송을 하던 아나운서는 미국에서 만든 모형이라고 했다. 나는 동그란 눈으로 어머니에게 뛰어갔다.

"엄마, 진짜 로켓은 어디로 쏘는 거예요?"

"우주로 쏘아 올리는 거란다."

"우주로요?"

옆에 있던 아빠가 로켓에 대해 자세히 설명해 줬다.

"로켓이 높이 올라가 우주에 가면 지구에 대한 정보를 더 잘 알 수 있거든."

"그럼 로켓에 사람이 타고 있어요?"

"사람이 탈 때도 있어. 그런데 아무래도 위험하니까 사람 대신 기계가 일하는 경우가 많단다."

우주로 날아가는 로켓이라니 이렇게 멋질 수가!

그날부터 나는 어떻게 하면 로켓을 만들 수 있을까 하는 생각에 빠졌다.

'로켓을 만들려면 뭐부터 시작해야 하지? 일단 쏘아 올려야 하니까 힘이 필요한데……'

로켓을 쏘아 올리려면 물체를 밀어 앞으로 내보내는 힘이 필요하다. 그 힘을 '추진력'이라고 한다.

'추진력은 어디서 얻을 수 있을까? 어떤 물체를 밀어내려면 뭔가 폭발하는 힘이 필요할 텐데.'

책도 뒤져 보고, 생각도 계속했지만 답을 찾기가 어려웠다.

"맞다! 식초랑 탄산수소나트륨!"

머릿속 전구에 불이 반짝 들어왔다. 식초와 탄산수소나트륨을 섞으면? 이산화탄소가 발생한다! 만약 가벼운 물체라면 이산화탄소가 발생하면서 생기는 힘으로

로켓이 발사되는 원리

로켓 연료가 연소되면, 급격히 팽창한 가스가 빠른 속도로 밖으로 배출된다. 이때 빠져나온 연료의 힘은 추진력이 되어 로켓을 밀어낸다. 여기에는 '모든 작용에는 크기가 같고 방향이 다른 반작용이 존재한다'는 작용-반작용의 원리를 적용할 수 있다.

발사시킬 수 있지 않을까? 식초는 주방에 있고, 탄산수소나트륨은……

"엄마, 베이킹 소다 있어요?"

"베이킹 소다는 왜?"

"로켓 만들려고요!"

어머니는 빙그레 웃으며 베이킹 소다가 가득 든 봉지를 건네주었다.

탄산수소나트륨으로 만든 베이킹 소다는 빵을 만들거나 청소할 때 쓰기 때문에 부엌에서 쉽게 구할 수 있다.

자, 이제 재료 준비 끝! 나는 식초와 베이킹 소다를 앞에 두고, 멋있게 로켓을 쏘아 올리는 모습을 상상하며 싱글벙글했다.

두둥! 드디어 로켓이 완성되었다. 두근대는 마음으로 로켓을 발사시켰다. 하늘로 시원하게 날아오르는 근사한 모습의 로켓! 하지만 꿈꾸던 것과 달리, 나는 피할 사이도 없이 발사된 로켓에서 뿜어 나오는 식초를 온몸에 뒤집어쓰고 말았다. 몸에서 시큼한 냄새가 진동했다.

'가만있자…… 식초는 액체고, 베이킹 소다는 고체지만 가루잖아. 그럼 이 둘이 흘러서 섞이는 순간에 이산화탄소가 발생하면서…… 식초를 뒤집어쓸 수밖에 없구나! 이걸 어떻게 해결하지? 멀리에서도 버튼을 누르면 발사되도록 근사하

게 만들 수 없을까? 으아! 뭐 좋은 방법 없나?'

어려운 고민이 다시 시작되었다. 나는 식초와 베이킹 소다를 노려봤다. 이 둘을 천천히 만나게 하는 방법이 없을까?

'식초와 베이킹 소다 가루를 흐르지 않게 만든다면 가능할 텐데…….'

이렇게 생각하니 뭔가 실마리가 보이는 것 같았다.

'그래, 두 가지가 섞이면 바로 반응하니까 일단 베이킹 소다를 흐르지 않도록 형태가 있는 고체로 만들어 보자.'

나는 베이킹 소다 가루를 물에 반죽한 뒤, 햇볕에 잘 말려서 덩어리로 만들었다. 그리고 베이킹 소다 덩어리를 로켓의 밑바닥에 단단히 붙였다. 로켓 발사대에는 경첩을 달아서 회전할 수 있도록 만들었다.

그다음 식초가 든 로켓을 발사대에 거꾸로 세웠다. 로켓을 바로 세우면 식초가 곧장 아래로 흘러 버리니까, 거꾸로 세운 뒤 발사대를 회전시킬 속셈이었다.

'로켓 발사대에 끈을 연결해 멀리서 잡아당기는 거야. 발사대가 회전하면서 로켓이 똑바로 서겠지? 그럼 로켓에 담긴 식초가 발사대 받침으로 흐르면서 베이킹 소다 덩어리랑 만나서 이산화탄소가 보글보글! 내 로켓은 쑹!'

어려운 문제 같았는데 다르게 생각해 보니 쉽게 풀렸다.

모든 준비는 끝났다! 이제 로켓을 발사하기만 하면 된다.

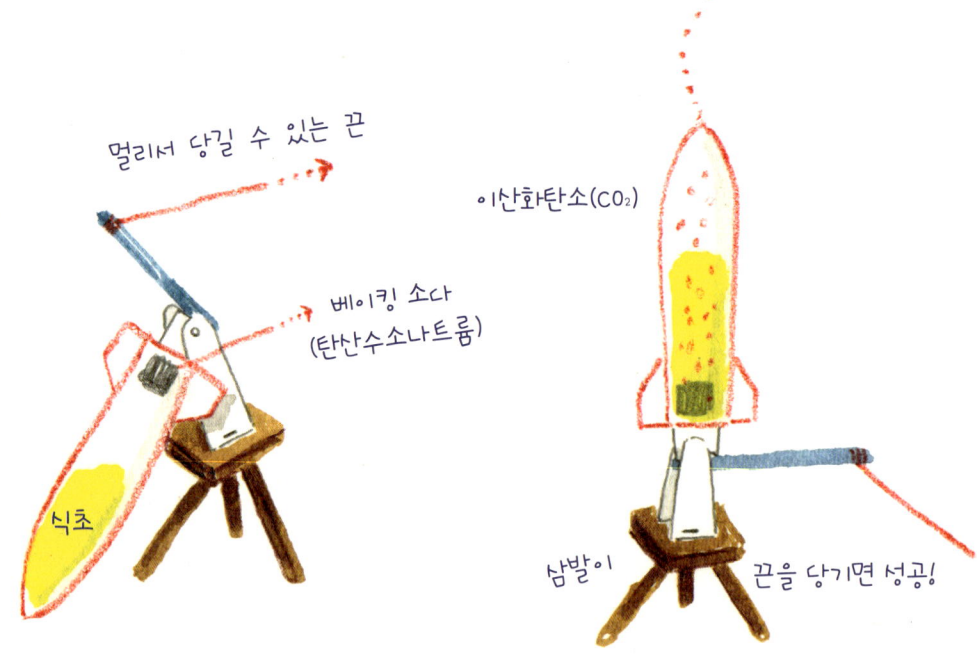

과연 내 생각대로 작동될지 가슴이 두근거렸다.

드디어 발사대에 연결된 끈을 힘차게 당겼다. 식초가 흐르며 보글보글 화학 반응을 보였다.

'제발……!'

피슝!

내 계획은 멋지게 성공했다. 물론 텔레비전에서 본 것처럼 하늘 높이 날아가진 않았다. 솔직히 말하면, 로켓은 피식 하는 소리와 함께 낮게 발사되었다가 바로 땅에 떨어졌다.

상상처럼 멋있는 장면은 아니었지만, 스스로 어려운 문제를 해결해 로켓을 성공적으로 발사했다는 사실이 무엇보다 자랑스러웠다.

진짜 로켓을 만들고 싶어

식초 로켓 만들기에 성공하자 진짜 로켓을 만들고 싶다는 마음이 더욱 간절해졌다.

텔레비전에서 본 로켓은 꽁무니에서 불을 일으키며 하늘로 날아가던데! 나도 그런 '진짜' 로켓을 만들고 싶었다.

그러던 어느 날이었다.

"형, 이것 좀 봐!"

"뭔데?"

나는 형 앞에 책을 내밀며 말했다.

"수소에 불을 붙이면 펑 터진대. 그럼 로켓에 수소를 담아서 불을 붙이면 텔레비전에 나왔던 로켓처럼 발사할 수 있는 거 아니야?"

수소
모든 물질 가운데 가장 가벼운 기체 원소.
빛깔도, 냄새도, 맛도 없다.
수소 기체(H_2)는 폭발적으로 연소하는 가연성이 있어 굉장히 위험하다.

수소 기체가 든 로켓에 불을 붙이면 하늘로 발사!

수소 기체가 모인다.

물 (H_2O)

금속을 산에 넣으면 수소 기체가 발생한다.

황산 (H_2SO_4)

철 (Fe)

"음, 네 생각처럼 하려면 수소가 많아야 할 텐데?"

"많이 만들면 되잖아!"

우리는 당장 수소 로켓을 만들기 위해 준비했다. 투명한 기체인 수소는 눈에 보이지 않으니, 물을 담은 수조에 로켓을 담가 수소가 뽀글뽀글 모이는 것을 확인했다. 하지만 공기보다 가벼운 성질인 수소를 모으기는 어려웠다. 수소가 담긴 로켓을 들고 한 발짝이라도 움직이면 계속 뽀글뽀글 새어 나왔다.

"수소가 공기보다 가벼워서 로켓에 담아 두기도 쉽지 않구나."

나 혼자 시작했던 로켓 만들기 실험은 이제 중학생 형에 이어 한 살 많은 누나까지 합세해 '삼 남매 프로젝트'가 되었다. 우리는 머리를 맞대고 과학을 다룬 책과 잡지를 뒤지며 서로 의견을 내고 이야기를 나눴다.

그러던 어느 날, 함께 책을 보다가 내가 말했다.

"아예 로켓 엔진을 만들면 어때?"

"어떻게?"

"여기 보니까 '불꽃놀이 할 때 쓰는 폭죽은 고체 연료 로켓과 같다'고 쓰여 있어. 폭죽도 불을 붙이면 뒤가 환하게 타면서 하늘로 날아올랐다가 터지는 거잖아."

누나와 형이 곰곰이 생각하더니 곧 맞장구를 쳤다.

"그러게, 저번에 불꽃놀이 본 거 생각해 보니까 그렇네."

"응. 로켓이랑 비슷하다!"

내 의견을 반기는 분위기에 신 나서, 그 뒤에 있는 내용을 큰 소리로 읽었다.

"폭죽에 쓰이는 흑색 화약의 제조 방법은 이렇다! 산화제인 질산나트륨, 연료인 탄소 그리고 이를 잘 화합하게 해 주는 황을 고운 가루 형태로 만들어 섞는다!"

"재료 구하기는 어렵지 않겠다. 황은 약국에서 사면 되고, 탄소는 숯을 빻아서 쓰면 되고."

"형, 그런데 질산나트륨이 뭐지?"

고개를 갸우뚱하던 형이 얼른 백과사전을 꺼내 찾아보았다.

"아! 질산나트륨은 비료로도 많이 쓰이는 물질이래. 이게 산화 작용을 하니까 엔진을 만들려면 꼭 있어야 하는 거야."

우리는 눈을 반짝반짝 빛냈다. 그리고 자리에서 일어나 아버지에게 달려가 질산나트륨을 사 달라고 졸랐다.

"그걸 뭐에 쓰려고?"

"로켓 엔진을 만들려고요. 황과 탄소는 우리끼리 구할 수 있는데 질산나트륨은 그렇지 않아요. 게다가 질산나트륨이 산화제 역할을 하기 때문에 이게 빠지면 로켓을 발사시킬 수

질산나트륨
무색의 결정이며, 화학식은 $NaNO_3$.
산소를 많이 포함하고 있어 유기물과 혼합하면 폭발을 일으킨다.

없거든요. 그래서 꼭 필요해요."

누나가 나서서 우리 계획을 또박또박 이야기하자 아버지는 그 길로 나가 질산나트륨을 쌀 한 포대만큼 사 오셨다. 우리는 부모님의 응원까지 등에 업고 의기양양했다.

재료가 모두 모이자 흑색 화약은 금세 완성됐다.

"이제 로켓을 만들어 볼까?"

"누나, 나 로켓에 날개도 달고 싶어."

"그래, 좋아. 무늬도 그리고 색칠도 할까?"

"응!"

우리는 로켓을 만들기 시작했다. 종이를 말아서 몸체를 만든 뒤, 뾰족한 코를 제일 위에 달았다. 멋지게 불을 뿜을 분사구로 석고를 다듬어 노즐*을 만들었다. 노즐은 불에 타지 않도록 철사를 칭칭 감았다. 날개도 달고, 색칠까지 한 로켓은 정말 멋졌다!

그다음 날, 우리는 부모님과 함께 넓은 공터로 나갔다. 화창해서 로켓을 발사하기 딱 좋은 날이었다. 로켓을 발사대에 장착시키고 다 함께 카운트다운을 했다.

"5, 4, 3, 2, 1, 발사!"

그 순간!

"쒸-익!"

로켓이 불기둥을 뿜어내며 하늘로 쏜살같이 날아올랐다!

노즐
액체나 기체를 내뿜는 대롱처럼 생긴 작은 구멍을 말한다.

삼 남매의 프로젝트는 과학 책과 잡지를 참고삼아 착착 진행되었다. 누나가 책을 보는 동안에 장난치는 내 모습!

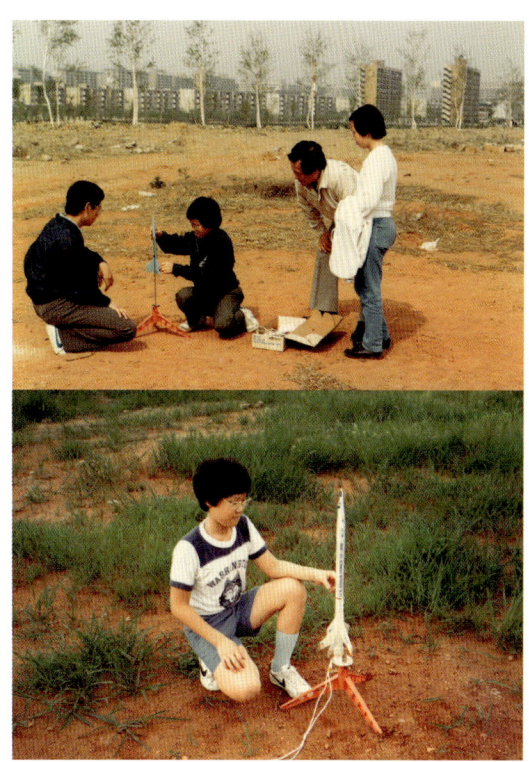

우리가 만든 첫 로켓이 성공했지만, 그보다 소중한 건 첫 실수이자 실패였다. 호기심은 창의력의 시작이니까!

우리가 생각했던 것보다 더 빠르고 멋졌다!

로켓이 날아가는 순간, 모두 탄성을 내질렀다. 난 팔을 번쩍 치켜들고 방방 뛰었다. 지켜보던 부모님도 깜짝 놀라 눈이 휘둥그레졌다.

"아……."

로켓은 순식간에 사라졌다. 저 멀리 어디로 날아갔을까? 드디어 해냈다는 뿌듯함과 로켓을 조금 더 보고 싶다는 아쉬움이 밀려들었다.

나는 이후로도 별별 물건을 다 만들어 보고 싶어 했다. 그런 호기심이 지금의 나를 만든 게 아닐까? 호기심은 창의력의 시작이다. 과학자의 눈은 항상 반짝여야 한다. 호기심 가득한 어린아이의 눈처럼 말이다.

호기심 천국 과학부 생활

누나와는 한 살 터울이다 보니, 늘 붙어 다니며 장난을 많이 쳤다. 그러다가 누나는 6학년이 되면서 수업을 마치면 매일 과학실로 향했다. 과학부에 들어갔기 때문이었다.

당시에는 전국에 있는 초등학교 6학년을 대상으로 매년 '어린이 과학 실험 대회'가 열렸는데, 내가 다니던 학교의 과학부 학생들은 이 대회를 반년 동안 준비해 출전하곤 했다.

"누나, 나도 과학실에 갈래!"

"그래도 되려나? 우선 선생님께 여쭤 보자."

내가 같이 가겠다고 조르자, 누나는 과학 선생님께 나를 데려갔다.

"네가 원서구나. 너도 과학실에 오고 싶다고?"

"네! 저도 과학 실험 좋아해요."

"하하, 그럼 수업 끝나면 누나랑 같이 과학실에 오려무나. 대신 시험관도 닦고 기자재 정리하는 것도 도와야 한다."

"네. 고맙습니다, 선생님!"

이제 나도 과학실에 갈 수 있다! 나는 늘 붙어 다니던 누나와 떨어져 지내는 것이 허전하기도 했지만, 누나가 과학실에서 뭘 하는지 창문 너머로 볼 때마다 무척 재미있어 보였다.

과학실에는 내 공작대보다 훨씬 많은 실험 도구들이 있었다. 처음 보는 도구도 많아 호기심이 점점 커졌다.

대회를 준비하는 형, 누나들은 무척 진지했다. 내가 집에서 하는 것처럼 내키는 대로 실험하는 것이 아니라, 꼼꼼하게 가설부터 세웠다. 그리고 실험을 한 뒤에는 가설이 맞는지 틀린지 확인하고, 보고서를 썼다.

'아, 저렇게 보고서를 쓰면 나중에 비슷한 가설을 세우거나 실험을 할 때 참고 자료로 쓸 수 있겠구나.'

과학실에 가는 길은 언제나 즐거웠다. 놀기만 해도 배울 수 있는 게 많았다. 짜임새 있게 실험하는 방법, 실험 도구를 안전하게 쓰는 방법들을 어깨너머로 익혔다. 특별히 궁금한 것이 있으면 선생님에게

실험 보고서, 어떻게 쓰는 걸까?

1. 실험할 주제를 정한다.
2. 실험 목적을 쓴다.
3. 가설을 설정한다.
4. 실험 과정과 결과를 상세히 기록한다.
5. 결과에 대한 토론을 하고 가설을 검증한다.
6. 실험의 결론을 내린다.

물어보았다.

"선생님, 이 길쭉한 건 뭐예요?"

"아, 그건 피펫이라고 한단다. 우리가 실험할 때 액체를 많이 쓰잖니? 정확한 실험 결과를 내기 위해서는 정확한 양을 사용해야 하는데, 그때 쓰는 도구야."

선생님은 피펫을 들어 컵에 담긴 물을 쭉 빨아들였다.

"여기 눈금에 용량이 적힌 것 보이지? 실험할 때 물을 1밀리리터만 써야 한다고 생각해 보자. 액체는 흐르니까…… 이렇게 하면, 부피를 정확히 재서 옮길 수 있겠지? 자, 원서도 한번 해 볼래?"

나는 선생님에게 피펫을 건네받아 조심조심 물을 빨아들였다. 선생님은 어설픈 내 손놀림을 바로잡으며 정확하게 사용하는 방법을 가르쳐 줬다. 처음 보는 실험 도구를 어떻게 사용해야 하는지, 화학 약품마다 붙어 있는 이름표는 어떻게 읽는지도 찬찬히 알려 줬다. 과학실만 오면, 나는 과학자가 된 듯 무척 기분이 좋았다.

간절히 원하면 꿈은 이루어진다

누나는 한 해 동안 열심히 과학부 활동을 한 뒤 '어린이 과학 실험 대회'에서 동상을 탔다.

"축하해, 누나!"

"고마워."

"나도 6학년이 되면 과학부에 들어갈래."

"응. 넌 과학을 워낙 좋아하니까 잘할 거야."

누나한테 말은 안 했지만, 나는 6학년이 되면 어린이 과학 실험 대회에 나가 꼭 '금상'을 타겠다고 마음먹었다.

'어린이 과학 실험 대회 금상, 홍원서!'

상상만 해도 흐뭇했다.

6학년이 되어 정식으로 과학부원이 되면서 매일매일 과학실에 갔다.

"원서야, 시간이 늦었는데 힘들지 않아?"

"괜찮아요, 선생님! 재미있어요!"

"얼마나 걸릴 것 같니?"

"이제 실험 하나만 더 하면 끝나요."

과학부에서는 어린이 과학 실험 대회를 준비하기 위해, 자연 교과서에 나와 있는 모든 실험을 해 보았다. 하루도 빠지지 않고 매일 실험을 했고, 저녁 늦게 끝나는 날도 많았다.

"얘들아, 날씨도 좋으니 내일은 밖에서 수업하자."

"와! 어디에서요?"

"청계산!"

과학실에서만 보던 과학부 친구들을 산에서 만나니 더욱 반가웠다. 우리는 신선한 공기를 마시고 개울에 들어가 물장난도 했다. 깔깔 웃으며 한참 놀고 있는데, 선생님이 우리를 불렀다.

"얘들아, 여기 개구리알 있다! 이리 와 봐!"

동글동글한 젤리 같은 것들이 엄청나게 많았다. 자연 교과서에서 사진으로만 본 개구리알을 실제로 보니 정말 신기했다. 청계산으로 야외 수업을 간 그날에 나는 놀면서 자연을 배우는 무척 특별한 경험을 했다.

실험 보고서를 쓰는 방법도 열심히 공부했다. 실험의 목적, 방법, 결과를 잘 정리하고 토론하는 것도 여러 번 되풀이 했다.

하루하루가 무척 바빴지만, 금상을 받고야 말겠다는 목표 때문에 힘든지 몰랐다.

대회 전날 밤, 나는 그동안 쓴 과학 공책들을 베개 밑에 두고 잤다. 1년 넘게 준비한 노력이 빼곡히 들어 있는 공책들이었다. 자는 동안에도 내 머릿속에 쏙쏙 들어오게 해 달라고 기도하며 잠이 들었다.

1982년 7월 17일, 드디어 어린이 과학 실험 대회가 열리는 날이 왔다. 몇십 년이 흐른 지금도 그날이 생생하게 기억난다. 대회장에는 무척 많은 사람들이 모여 있었다. 설렘과 흥분으로 가득 차 있었다. 그동안 열심히 노력한 실력을 뽐내는 날이어서 그런지, 모두 눈빛이 반짝였다.

나도 모르게 손에 땀이 배었다.

'힘내자, 홍원서! 긴장하지 말자. 1년도 넘게 준비했는걸!'

머릿속에 그려 왔던 꿈을 오늘 꼭 이뤄 내겠다고 다짐했다.

드디어 문제가 출제되었다. 나는 2인 1조로 대회에 함께 참가한 친구와 주어진 문제에 맞는 가설을 세우고, 그것을 검증할 수 있는 실험을 계획했다. 이제까지 해 온 것처럼 주제, 목적, 가설, 실험을 차근차근 진행해 나갔다.

이윽고 심사 위원이 우리 팀의 실험을 보러 왔다.

"안녕하세요? 반포 초등학교 6학년 홍원서입니다!"

나는 어깨를 쫙 펴고 활짝 웃으며 심사 위원을 맞이했다. 먼저 우리가 하는 실험의 주제를 설명한 뒤, 친구와 함께 차분히 실험을 진행했다. 실험 도구를 규칙에 맞게 사용하고, 실험이 끝난 뒤에는 뒤처리도 말끔히 했다. 실험 결과를 두고, 토론도 잘 진행했다. 후회는 없었다. 준비한 만큼 모든 과정에서 실력을 발휘했다.

우리는 손을 꼭 잡고 결과가 발표되기를 기다렸다. 동상, 은상이 발표되고 드디어…….

"아, 아. 지금부터 어린이 과학 실험 대회 금상을 발표하겠습니다. 금상을 받을 팀은…… 반포 초등학교 과학부! 축하합니다!"

나는 과학부 친구들과 얼싸안고 펄쩍펄쩍 뛰었다. 지켜보던 선생님도 활짝 웃었다. 금상이라니! 얼마나 행복한지 눈물이 찔끔 날 정도였다.

'정말로 원하고, 정말로 열심히 하면 뭐든지 할 수 있구나!'

금상을 받고 소중한 깨달음을 얻었다. 목표를 정하고, 그걸 이루기 위해 최선을 다하면 꿈은 이루어진다!

가족에게 자랑할 생각에 가슴이 두근거렸다. 신발을 벗어

던지다시피 하며 집에 들어갔다. 그런데 이미 소식을 들은 어머니가 '축 금상 홍원서!'라고 적힌 현수막과 함께 축하 리본을 걸어 둔 게 아닌가!

"엄마, '열심히 하면 된다'는 말이요. 책에도 나오고 사람들이 많이 하는 이야기잖아요. 그냥 그런가 보다 했는데, 이제 무슨 뜻인지 알겠어요!"

"그래. 일 년 동안 금상을 받겠다고 열심히 노력하니까 진짜 이루어졌지? 원하는 걸 얻으려면 그렇게 열심히 해야 하는 거란다. 원서야, 정말 축하해."

이 일은 나의 어린 시절을 돌이켜 가장 소중한 경험이었다. 원하는 목표를 향해 최선을 다하면 결국에는 이루어진다, 반드시!

전국 어린이 과학 실험 대회에서 금상을 받았다.

엄마가 준비한 깜짝 파티! 리본을 매달아 커팅식까지 했다.

데니스 홍, 노력의 흔적들

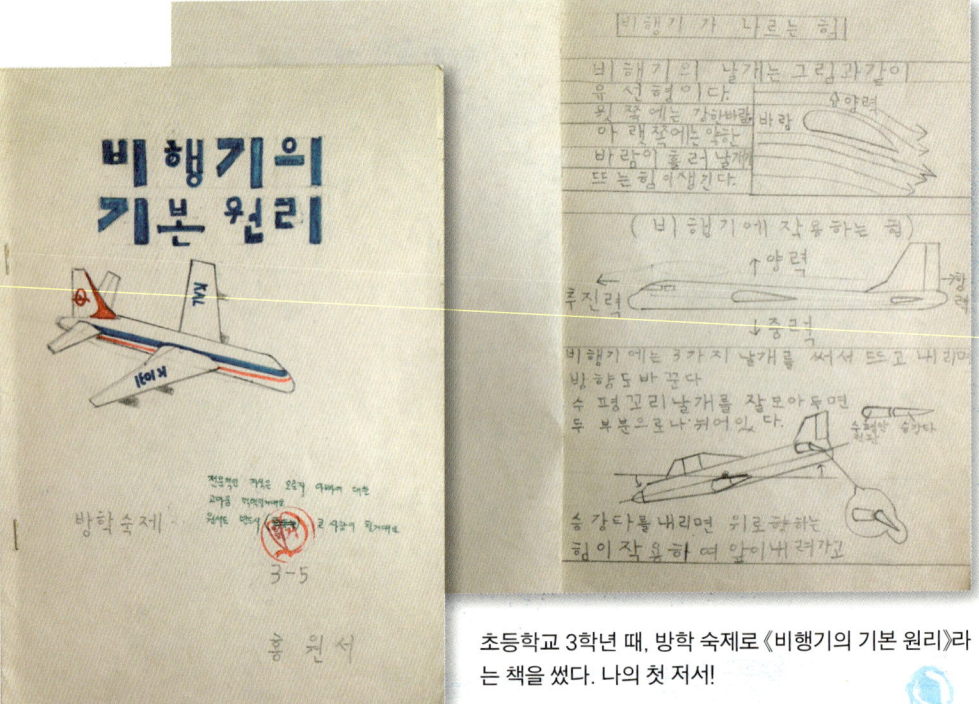

초등학교 3학년 때, 방학 숙제로 《비행기의 기본 원리》라는 책을 썼다. 나의 첫 저서!

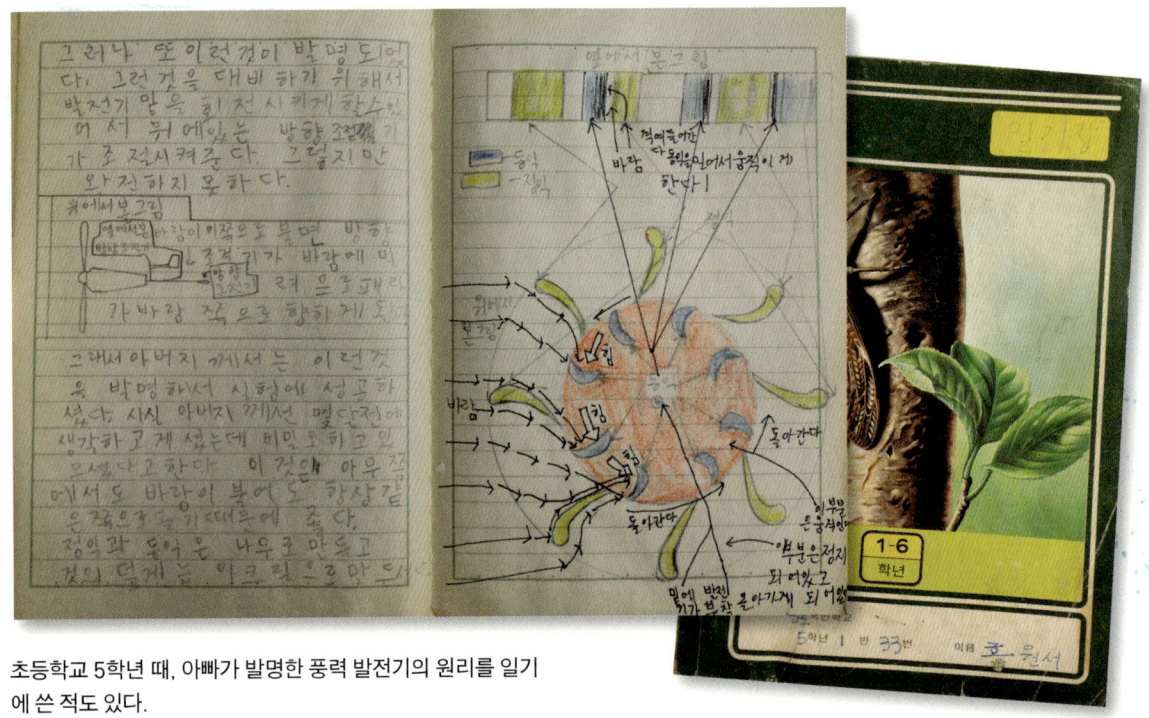

초등학교 5학년 때, 아빠가 발명한 풍력 발전기의 원리를 일기에 쓴 적도 있다.

나사(NASA)의 Y-wing fighter같이 날개가 앞으로 젖혀진 글라이더.

델타기를 본떠 만든 세모꼴 날개의 글라이더.

'정해진 정답'처럼 뻔한 형태의 글라이더는 싫었다. 세모꼴 날개는 자꾸 고꾸라져서 앞에 자그마한 카나드 윙(Carnard Wing)을 달았고, 앞으로 젖혀진 날개는 좌우로 미끄러져 돌아가 날개 끝에 윙렛(Winglet)을 달아 보완했다.

중학교 1학년 때까지도 글라이더에 흠뻑 빠져서는 색다른 비행체를 설계하고, 만들어 보곤 했다.

미국으로 가다!

로봇 과학자가 되겠다는 목표를 품고 열심히 공부해 한국에 있는 대학교에 입학했다.

그리고 대학교 2학년 때, 미국 스탠퍼드 대학으로 여름 학교를 다녀올 기회가 있었다. 여름 방학 동안 잠시였지만, 학생들이 연구실에서 열정적으로 로봇을 연구하는 분위기가 매우 인상적이었다.

그곳에 다녀온 뒤로 나는 풀이 죽어 지냈다. 대학에 입학하면 그토록 꿈꾸던 로봇을 만들 수 있을 줄 알았는데, 당시에는 한국에서 학생 신분으로 할 수 있는 일이 별로 없었다. 게다가 스탠퍼드 대학의 학생들이 열심히 로봇을 연구하던 광경이 자꾸 생각나 괴로웠다.

그러던 어느 날, 힘없이 지내는 모습을 지켜보던 부모님이 나를 불렀다.

"미국에 있는 대학교로 편입하는 건 어떻겠니?"

"글쎄요. 좋을 것 같긴 한데……. 고민이 되네요."

"그래? 어떤 부분이 제일 고민이니?"

"잘못 결정했다가 후회할까 봐요."

내가 전공하는 분야의 특성상, 대학을 졸업하면 미국의 대학원에 갈 생각이었다. 그러니까 조금 일찍 유학을 떠나는 셈이었다. 토론 문화와 창의력을 중요시하는 미국 교육이 지금 내가 원하는 것과도 잘 맞을 것 같았다.

결정만 내리면 되는데 자꾸 망설여졌다.

'아는 사람 하나 없는 곳에서 내가 잘할 수 있을까?'

"중요한 건 네 의지야."

아버지의 말씀에 내 꿈을 다시 떠올려 보았다.

'스타워즈 속의 로봇들처럼 인간에게 도움을 주고 친구가 될 수 있는 로봇을 만들고 싶다.'

영화관을 나서며 설레던 그 마음은 여전했다.

밤이 깊어 가는지도 모르고 매일 실험에 빠져 있었던 초등학생 시절, 결국 꿈에 그리던 금상을 받고 펄쩍펄쩍 뛰던 일도 생생했다.

'그래, 용기를 내자!'

나는 새로이 도전해 보자는 마음으로 미국 유학을 결심했다. 편입할 학교로는 '위스콘신 매디슨 대학'을 선택했다. 호수와 나무가 어우러진 아름다운 캠퍼스 사진을 보니 그곳에서 펼쳐질 나날이 기대되었다.

모든 준비를 마친 뒤 어머니와 함께 비행기에 올랐다. 한국에서 미국 위스콘신 주 매디슨까지는 무척 오랜 여정이었다. 설레는 마음, 불안한 마음을 모두 안고 무사히 도착하기를 바랐다.

"우아, 정말 춥다!"

"원서야, 옷깃 꼭 여며라. 감기 걸릴라."

비행기에서 내린 어머니와 나를 맞은 건 매서운 바람이었다. 매디슨의 겨울은 '지옥'이라고 표현할 만큼 지독하게 추웠다. 귀가 떨어져 나갈 것 같은 찬바람에, 눈도 많이 오고, 밤에는 영하 20도까지 내려가는 곳이었다. 11월에 내린 눈이 4월까지도 안 녹는다니!

학교에 도착했지만 아직 방학이라서 기숙사에 들어갈 수가 없었다. 간신히 숙소를 잡아 짐을 풀자 녹초가 되었다. 몸과 마음이 꽁꽁 언 기분이었다.

"너무 춥지? 가지고 온 옷을 좀 더 입는 게 좋겠구나."

어머니가 가방에서 옷을 꺼내 건네주었다.

원래 어머니는 기숙사만 한 바퀴 둘러보고 바로 한국으로

유학 시절, 부모님이 보내온 편지.
부모님의 따뜻한 격려는 내게 큰 힘이 되었다.

돌아갈 계획이었다. 하지만 낯설고 추운 곳에 도착하자 나는 어머니가 좀 더 머물다 갔으면 싶었다.

"어머니, 며칠 지내다 가시면 안 될까요?"

"엄마도 그러면 마음이 놓이겠는데…… 비행기 표도 그렇고, 아무래도 원래 일정대로 가야 할 것 같구나. 원서야, 큰 뜻을 품고 왔으니까 열심히 해야 한다. 씩씩하게, 즐겁게! 그럴 수 있지?"

어머니는 내 손을 한번 꼭 잡고 택시에 올랐다. 어머니가 탄 택시가 보이지 않을 때까지 나는 멍하니 서 있었다. 찬바람이 칼날처럼 얼굴을 스쳤다.

'이제 혼자구나…….'

추운 날씨 때문인지 거리엔 아무도 없었다. 힘든 일이 많을 거라고 예상했지만 첫날부터 이럴 수가! 텅 빈 거리를 터벅터벅 걸어가는 동안 외로움이 온몸으로 퍼졌다.

새로운 출발을 응원해 준 식구들의 환한 미소를 생각했다. 멋진 로봇 과학자가 된 내 모습을 천천히 그려 보았다. 언제까지 감상에 빠져 있을 순 없었다. 해야 할 일이 무척 많으니!

강아지 살리기 프로젝트

시간은 흘러, 쓸쓸했던 겨울이 가고 더운 여름이 되었다.

"그래서 데니스, 네가 하고 싶은 이야기가 뭐야?"

"아, 그게…… 그걸 영어로 뭐라고 해야 하지."

정신을 차리자마자 제일 먼저 넘어야 할 벽이 나타났다. 바로 '언어'였다. 나는 미국에서 태어나 자랐다. 비록 세 살 때까지였지만, 그때 자연스레 영어를 배워서 일상적인 대화를 나누는 건 어렵지 않았다. 유학을 떠날 때도 언어에 대한 걱정은 안 했다.

하지만 학과 공부를 영어로 하는 건 달랐다! 전문 용어를 많이 사용하는 수업을 영어로 따라가려니, 정말 머리에 쥐가 날 지경이었다.

미국 대학에서는 학생들이 팀을 꾸려 함께 과제하고, 토론하는 수업이 무척 많다. 하고 싶은 이야기는 태산 같은데, 영어로 말하려니 잘 되지 않아 얼마나 답답하던지!

하지만 내가 누군가. 열정으로 똘똘 뭉친 데니스 홍이다. 힘들 때마다 꿈을 떠올리며 매일 영어를 공부했다. 친구들과 토론하는 것도 주저하지 않았다.

그러다 보니 어느 순간부터 수업을 따라가는 게 전혀 힘들지 않았다. 언어를 극복하니, 자연스레 공부도 훨씬 즐거웠다.

"이번 과제는 열역학* 프로젝트다. 모두 뜨거운 햇볕 아래 세워 둔 자동차 안의 강아지가 죽었다는 신문 기사 봤지? 열역학을 사용해서, 자동차에 갇힌 강아지가 안전할 수 있는 장치를 개발해 보도록!"

교수님께 프로젝트를 받자마자 나는 수업 때 배운 열역학 공식을 차분히 정리했다. 그리고 그 가여운 강아지가 처했을 상황부터 떠올렸다.

'햇볕 아래에 주차된 자동차의 실내 온도는 얼마까지 올라갈까?'

한여름에 차 안은 찜질방보다 뜨겁다. 창문을 다 닫으면 공기가 통하지 않으니 온도가 계속 치솟는다. 차 안에서 직사광선을 받은 라이터가 폭발했다는 뉴스가 종종 보도될 정

열역학
열을 에너지의 한 형태로 보는 물리학 분야.
열과 역학적 일의 관계를 바탕으로 열평형, 열 현상 등을 연구한다.

도다.

'강아지가 안전하려면, 자동차 속 온도를 우리가 평소에 생활하는 만큼 낮추어야 해. 이미 뜨거워진 공기에서 얼마만큼의 열을 빼내야 하지?'

나는 열의 복사, 대류, 전도 공식을 사용하여 계산해 보았다.

'햇볕 때문에 뜨거워진 자동차라……. 햇볕이 엄청나게 세서 생긴 일이니까 태양열을 사용할 수 있겠어!'

생명을 죽일 정도로 뜨거운 햇볕. 다르게 생각하면 에너지로 쓸 수 있을 만큼 강한 에너지원이라는 이야기다.

나는 태양열을 이용해 자동차 밑바닥과 연결된 파이프에서 물을 뿌리는 방법을 생각해 냈다. 뜨거운 공간에 물을 뿌리면, 물이 증발하면서 실내의 열을 식히는 원리였다. 이름하여 '핫 도그 쿨러(Hot Dog Cooler).'

발표도 신 나고 재미나게 했다. 핫도그 모양의 로고와 포스터를 만들어 판매 사원이 제품을 광고하는 것처럼 꾸몄다. 친구들과 교수님 모두, 한 편의 쇼를 보듯 즐거워했다.

발표가 끝나고 만족스러운 표정으로 마지막 인사를 할 때였다.

"데니스, 미안하지만 강아지는 죽었다."

교수님의 한마디에 교실이 웃음소리로 가득 찼다. 어떤 공

식의 계산을 틀리는 바람에 내가 설계한 장치가 결국 강아지를 살리지 못한 것이다.

그래서 B학점을 받았지만, 속상하지 않았다. 성적보다 중요한 것은 과정이었다. 새로운 방식으로 생각하고, 그 과정을 즐기기. 누구도 생각하지 못한 아이디어를 선보였으니 그걸로 충분했다. 게다가 무척 즐거웠다. 이리저리 생각하다 머릿속 전구에 불이 탁 켜지는 그 짜릿한 느낌이란!

학교생활에 완벽히 적응한 뒤부터는 친구도 열심히 사귀고, 여러 가지 운동도 즐겼다. 하지만 무엇보다 공부에 집중했다. 어렸을 때부터 꿈꾼 로봇 과학자가 되기 위해 먼 나라에 왔으니 말이다. 분명한 목표가 있으니 하루 종일 공부를 해도 지겹지 않았다. 공부, 공부, 공부로 가득했던 대학 시절은 순식간에 지나갔다.

"고생 많았다."

"내 아들, 정말 자랑스럽다."

대학을 졸업하던 날, 미국까지 찾아온 부모님이 내 어깨에

둘러진 빨간 띠를 어루만졌다. 우등으로 졸업하는 학생만 두르는 띠였다. 부모님은 무척 기뻐했다. 눈물을 글썽이는 부모님을 보니 콧날이 시큰했다.

  몇 년 전, 미국에 막 도착했을 때가 떠올랐다. 그때 불던 매서운 칼바람은 간데없고, 부드러운 봄바람이 나를 감싸고 있었다.

2장 세상을 향해 한 걸음 더

꿈을 향해 걸어가는 길

나는 위스콘신 매디슨 대학교를 졸업하자마자 대학원에 진학했다. 인디애나 주에 있는 퍼듀 대학원이었다.

다시 치열한 공부의 나날이 시작되었다. 대학원에서는 기구학과 로봇 공학을 공부했다. 석사와 박사 과정까지 모두 마치자 시간이 훌쩍 흘렀다.

〈스타워즈〉를 보고 로봇 과학자가 되고 싶어 하던 일곱 살 개구쟁이 데니스가 벌써 서른두 살이 되었다.

'드디어 진짜 삶을 시작하는구나!'

이제까지 열심히 공부하는 학생으로 살아왔지만, 앞으로는 꿈을 이룰 길을 찾아 나서야 한다.

내 꿈은 분명했다. 로봇을 만들고 싶다! 내가 만든 로봇이 사람들을 돕고, 세상에 도움이 되었으면 좋겠다! 꿈을 이루려면 어떤 길을 택해야 할까?

별 좋은 어느 날, 쏟아지는 햇살 아래서 아내와 대화를 나누던 중이었다. 아내와는 한국에서 대학교 1학년 때 만나 연애를 하다가 결혼했다. 항상 나를 응원해 주는 아내가 있어 대학원도 무사히 마쳤다.

"나, 교수를 해 보는 건 어떨까?"

"대학에서 학생을 가르친다고?"

턱을 괴고 잠시 생각하던 아내는 이내 환한 미소를 지었다.

"좋네! 톡톡 튀는 당신이랑, 젊고 패기 넘치는 대학이랑 잘 어울리는데!"

"그렇지? 아이디어가 반짝이는 학생들과 함께 토론하고, 연구하면 정말 즐겁겠지? 그 친구들이 훌륭한 과학자가 되어 가는 모습을 지켜보는 것도 뿌듯할 테고."

"그리고 무엇보다……."

아내가 눈을 찡긋했다.

"로봇 연구를 마음대로 할 수 있고 말이지!"

"하하하, 맞아."

꿈에 부풀어, 교수가 된 내 모습을 상상해 보았다. 시끌벅적 활기찬 대학교 분위기와 생기 있는 학생들을 가르치는 장면이 먼저 떠올랐다. 연구소를 세워 상상만 하던 로봇을 실제로 만드는 모습도 그려 봤다. 그렇게 개발한 로봇과 함께 전 세계를 누비는 데니스 홍! 상상만으로도 무척 행복했다.

교수가 되겠다고 마음먹었지만, 갈 길이 까마득했다. 일단은 교수를 구하는 대학이 많지 않았다. 있더라도 내가 지원하고자 하는 분야일 확률이 무척 낮았다. 게다가 나는 갓 대학원을 졸업한 햇병아리라 도움을 기대할 곳도 없었다.

그래도 기죽지 않았다. 원하는 것을 얻기 위해 열심히 노력하면 꿈은 이루어진다. 노력이 날 도울 거라고, 스스로에게 용기를 북돋았다.

"우아! 매디슨 대학에서 인터뷰하자고 연락이 왔어!"

모교인 위스콘신 매디슨 대학에서 좋은 소식이 날아왔다. 행운의 여신이 나를 향해 미소 짓는구나! 잔뜩 들떠, 서둘러 위스콘신 주로 날아갔다. 가는 내내, 머릿속으로는 인터뷰 질문에 멋지게 답하는 모습을 그렸다.

다음 날 아침 7시 반부터 시작하는 인터뷰는 하루 종일 진

행될 터였다. 무슨 일이 있어도 인터뷰를 잘 치러야 했다. 내 꿈을 이룰 수 있는 교수가 되느냐, 마느냐를 결정하는 자리였다. 푹 자고 개운하게 일어나는 게 좋을 것 같아 그날 밤은 일찍 잠자리에 들었다. 그런데 도통 잠이 오질 않았다. 이리 뒤척이니 새벽 2시, 저리 뒤척이니 새벽 3시였다. 어렵게 잠이 들었나 싶었는데…….

따르릉! 따르릉! 따르릉! 전화벨이 시끄럽게 울렸다. 겨우 눈을 떠 수화기를 들자 누군가의 놀란 목소리가 들렸다.

"데니스! 괜찮은 거예요?"

"네? 전 괜찮은데요……."

"지금 어디예요?"

세상에, 시계를 보니 8시 20분이었다. 인터뷰를 하기로 약속한 시간보다 50분이나 지나 있었다. 오 마이 갓!

쏜살같이 준비해 엘리베이터를 탔다. 그리고 로비로 연결된 엘리베이터 문이 열리는 순간……. 헉! 내 앞에는 대학을 다닐 때 가장 무서워했던 교수님이 서 계셨다.

교수님과 눈이 마주치자 등골이 서늘해지면서 땀이 비 오듯 흘러내렸다.

큰 실수를 저질렀지만 인터뷰는 무사히 마쳤다. 대답도 멋지게 했다. 헤어질 때는 유쾌한 농담도 주고받았다. 그리고 당연히…… 난 떨어졌다.

왜 늦잠을 자는 바보 같은 짓을 했을까! 어쩌면 다시 오지 않을 기회라고 생각하니 무척 괴로웠다. 나중에 듣기로는 엘리베이터 앞에서 마주친 그 교수님이 나의 임용을 단호하게 반대했다고 한다.

"인터뷰에도 늦는 무책임한 사람이 어떻게 연구를 잘할 수 있겠어요? 저는 절대로 데니스 홍을 받아들일 수 없습니다!"

말할 수 없이 아쉬웠지만 포기할 수밖에 없었다. 모두 내 잘못이니 원망할 것도 없었다.

그 엄청난 실수를 한 뒤로, 나는 중요한 일을 앞둔 전날 밤이면 머리맡에 알람 시계를 서너 개씩 두고 자는 버릇이 생겼다.

이후로도 몇 개의 대학에서 인터뷰를 했다. 그리고 모두 떨어졌다. 불합격이라는 소식을 들을 때마다 기운이 빠졌지만, 마냥 처져 있을 수는 없었다.

'확실한 목표가 있고 정말 열심히 한다면 꿈은 반드시 이

루어질 거야. 지금 어려운 건, 내가 좀 더 노력해야 한다는 신호야.'

넘어졌다 다시 일어나기를 반복하던 그때, 버지니아 공대에서 인터뷰하고 싶다는 반가운 연락이 왔다. 이번만큼은 기회를 놓칠 수 없었다. 교수 자리를 간절히 원하는 내 마음을 어떻게 전할지 깊이 생각했다. 지난 인터뷰도 돌아봤다. 실수했던 부분을 바로잡으며, 마지막일지도 모를 인터뷰를 준비했다.

버지니아 공대에서의 인터뷰는 무척 화기애애했다. 나는 교수의 길을 걷고 싶은 이유, 머릿속에 그리고 있는 로봇 연구에 대해 신 나게 이야기했다. 마치 새로운 장난감을 눈앞에 둔 어린아이처럼 말이다. 내 열정은 여느 때보다 뜨거웠다.

"데니스 홍, 축하합니다. 버지니아 공대 교수로 함께하게 되어 기쁩니다."

마침내 버지니아 공대에서 합격 연락이 왔다. 얼마나 오랫동안 기다렸던 일인지! 그동안 지치고 힘들었던 마음의 상처가 사르르 아물었다. 드디어 꿈꾸던 일을 마음껏 펼칠 수 있다는 생각에 자꾸만 웃음이 나왔다.

나는 첫 번째 기회를 늦잠이라는 어처구니없는 실수로 놓쳤다. 이어진 다른 곳의 인터뷰들도 결과가 좋지 않았다. 하지만 결국 버지니아 공대에서 합격을 통보받았다.

내가 남들보다 뛰어나서 교수가 될 수 있었을까? 그렇게 생각하지 않는다. 나는 쓰린 마음으로 실패를 분석했다. 왜 합격하지 못했을까? 무엇이 부족했지? 같은 실수를 되풀이하지 않으려고 노력했다. 실패를 좋은 경험으로 만들자 실패는 오히려 꿈을 이루는 데 도움이 되었다.

합격을 통보받자마자, 아내와 나는 버지니아 주로 향했다. 힘든 여정을 모두 마치고 이제 행복할 일만 남았다고 생각했다. 모든 게 잘 풀릴 거라는 환상으로 가득 차 있었다.

그리고 얼마 뒤, 학교에 들어서자마자 그 생각이 진짜 '환상'이었다는 사실을 깨달았다.

포기하지 않는 게 중요해

얼마 전까지도 학교에 학생으로 드나들다가, 교수가 되어 출근하기 시작했다. 변한 건 별로 없었다. 반짝반짝하는 눈빛, 장난꾸러기 같은 표정, 반바지에 티셔츠를 입는 차림새도 변하지 않았다. 나는 솔직한 모습 그대로 학생들과 만나는 게 좋았다.

학생을 가르치는 일은 무척 즐거웠다. 대학의 내 연구실에 '가르침은 나의 열정, 연구는 나의 즐거움(Teaching is my passion, research is my joy)'이라고 쓴 문패를 걸어 두었다. 교수로서 시작한 새로운 삶이 정말이지 나를 들뜨게 했다.

"데니스, 연구 제안서는 잘 되어 가나요?"

"네, 열심히 하고 있습니다."

동료 교수의 질문에 씩 웃으면서 대답했지만 속은 타들어 갔다.

기대와 희망에 들떠 마냥 행복하던 나날에 큰 어려움이 닥쳤다. 바로 연구비를 끌어모으는 일이었다. 내 계획대로 로봇 연구소를 세우려면 큰돈이 필요했다. 학교에서 주는 연구비로는 턱없이 모자랐다.

게다가 연구소를 세우고 끝이 아니었다. 함께 연구하는 학생을 먹여 살리고, 연구소를 운영하려면 자본이 있어야 했다. 연구비 걱정이 없어야 다양한 연구 프로그램도 진행할 수 있다.

연구비를 얻으려면, 먼저 연구 제안서부터 써야 한다. 열심히 쓴 제안서를 여러 기관에 보내서 뽑혀야 연구비를 지원받는다. 하지만 내가 연구하는 건 당시 로봇 공학에서도 인기가 없는 분야였다.

'아……. 어디서부터 시작해야 하나.'

내 앞에 놓인 연구 제안서라는 복잡한 실타래를 어디부터 풀어야 할지 감이 오지 않았다. 제안서의 주제는 많은 사람의 관심을 끌 수 있어야 한다. 그뿐 아니다. 전문적인 지식과 독특한 아이디어도 함께 담아야 한다. 꼼꼼한 연구 계획은 물론이고, 필요한 돈이 얼마인지 예산까지 따져서 작성해야 한다. 그래서 매일매일 열심히 쓰더라도 짧으면 3개월, 길면

1년까지 걸리는 큰 작업이었다.

'일단 자신 있는 주제부터 시작해 보자.'

나는 박사 과정 때 연구했던 주제를 발전시켜 제안서를 쓰기로 했다. 처음 해 보는 작업이라 서툴렀지만 최선을 다했다. 하지만 결과는 탈락!

더 노력하라는 뜻으로 받아들이고 다시 공부를 시작했다. 여러 논문을 읽고, 하루 종일 제안서를 썼다 지웠다 반복하며 밤을 지새웠다. 하지만 또 탈락! 이어지는 탈락, 탈락, 탈락! 그렇게 2년이라는 시간이 지났다.

'이게 무슨 날벼락이람. 교수만 되면 고생 끝, 행복 시작인 줄 알았는데…….'

제안서를 들고 이곳저곳 뛰어다니며 많은 사람을 만났지만 계속 거절당했다. 울고 싶은 심정이었다. 실제로 교수실에 혼자 앉아 울기도 많이 울었다.

"당신 머리카락이…….."

"응?"

거울을 보니 머리에 새치가 내려앉아 있었다. 아내의 표정이 어두웠다. 늘 믿어 주는 아내의 얼굴을 보기 미안했다. 언제나 아들을 자랑스러워하는 부모님에게도 죄

송했다. 교수가 되기 전, 계속 인터뷰에서 떨어지던 시기에도 이렇게 힘들지 않았는데……. 난생처음, 좌절감에 빠졌다.

"난 당신을 믿어. 곧 당신 뜻을 이해해 주는 사람이 나타날 거야."

"정말 그럴까? 벌써 2년이나 흘렀는데……. 꿈을 이룰 수 없을 것 같아……."

"확신을 가져. 오랫동안 꿈꿔 왔잖아? 시간이 더 필요한 것뿐이야. 당신 꿈을 지켜."

제안서가 계속 탈락하면서 꿈을 이룰 수 없을지도 모른다는 두려움에 사로잡힌 내게, 아내는 진심 어린 위로를 해 주었다. 나를 믿는 사람들을 위해서라도 이 고비를 넘겨야 했다. 하지만 두려운 건 어쩔 수 없었다.

그러던 어느 날, 로봇 공학 컨퍼런스에 갔다가 집으로 돌아오는 길이었다. 공항 셔틀버스에 올라타 빈자리에 앉고 보니, 옆자리에 나이 지긋한 동양인 한 분이 있었다.

"안녕하세요?"

눈이 마주쳐 인사를 나누었다.

"저는 버지니아 공대 교수인 데니스 홍입니다."

"아, 그러시군요. 버지니아 공대면 어떤 일을 하시나요?"

"로봇을 연구합니다."

"로봇이요?"

길게 이야기할 생각은 아니었는데, 나는 어느새 빨갛게 달아오른 얼굴로 침까지 튀기며 신 나게 아이디어를 설명하고 있었다.

"재미있는 게 무척 많아요. 뒤집어지면서 움직이는 아메바 로봇, 바퀴와 다리가 합쳐진 로봇, 세 다리로 움직이는 삼발이 로봇! 사실 머릿속에 흥미로운 로봇이 더 많은데……. 연구비를 모으는 게 쉽지 않네요."

그는 지겨운 기색도 없이 한참 동안 이야기를 듣고 있었다. 혹시 로봇에 대해 뭔가 아는 사람인가?

그제야 그가 자신을 소개했다.

"저도 로봇과 관련된 일을 한답니다. 미국 과학재단에서 로봇 공학 분과의 프로그램 디렉터로 일하는 여준구라고 합니다."

버스 안에서 만난 인연은 그 후로도 이어졌다. 여준구 박사님은 연구하던 분야만 고집하는 내게 폭넓은 사고를 할 수 있도록 여러 조언을 해 주었다.

그리고 어느 날, 이런 제안을 해 왔다.

"데니스, 우리 과학재단에서 연구 제안서를 심사하려고 해요. 지금 검토 위원단을 꾸리고 있는데 함께해 보지 않을래요?"

내 코가 석 자였다. 하루라도 빨리 내 연구 제안서를 통과시켜야 하는데, 다른 사람의 제안서를 보고 평가하는 일을 하는 게 맞을지 고민스러웠다.

"거꾸로 생각해 보면 오히려 도움이 되지 않을까?"

저녁을 먹으며 고민을 털어놓자, 아내가 말했다.

맞는 말이었다. 거꾸로 보면 다른 사람들은 연구 제안서를 어떻게 쓰는지 알 수 있는 좋은 기회였다. 그 제안서들이 어떤 기준으로 평가받는지, 반응이 좋은 제안서와 그렇지 않은 제안서의 차이는 무엇인지 배울 수 있을 터였다.

고민할 문제가 아니라 꼭 잡아야 할 기회였다. 연구 제안서 때문에 힘들어하던 내게 여준구 박사님이 왜 그런 제안을 했는지 알 수 있었다. 서둘러 전화를 걸어 함께하겠다고 말했다.

그리고 나는 평가 위원으로서 수많은 연구 제안서를 살펴보면서, 그동안 내 제안서가 왜 계속 거절당했는지를 깨달았다. 연구의 주제, 내용부터 글쓰기 방식, 문제를 해결하는 방법까지, 전부 처음부터 다시 시작하기로 했다.

마음을 다잡고, 심사하면서 파악해 둔 방식대로 연구 제안서를 다시 써 내려갔다. 무엇보다 이제는 혼자가 아니라 마음이 잘 맞는 사람들과 함께 제안서를 논의하고 진행해 나갔다. 새로운 방식으로 움직이는 로봇, 자율 주행 자동차, 사람을 닮은 휴머노이드 로봇……. 개구쟁이 데니스가 어릴 때부터 가장 좋아하던 것, 잘하는 것, 자신 있는 것들이었다.

몇 년 동안이나 힘들게 했던 연구 제안서는 이제 내 연구에 날개를 달아 주었다. 몇 편의 제안서를 제출하는 대로 통과되었다. 연구비가 차곡차곡 쌓여 갔다.

'됐다! 이 정도 연구비라면 충분히 연구소를 운영할 수 있어.'

〈스타워즈〉를 보며 꿈꾸던 나의 미래가 드디어 열리기 시작했다. 평가 위원을 한 건 정말 잘한 일이었다. 그 기회를 놓쳤다면 아마 더 많은 좌절을 맛보았을 것이다.

크게 변한 건 없다고 생각했지만, 학생이 아닌 교수로서 내가 감당해야 할 것들은 훨씬 많았다. 그 때문에 나는 두려웠고, 어떻게 해야 할지 몰랐다.

하지만 나는 마지막 순간에도 내가 지금, 여기에 왜 서 있는지를 잊지 않았다.

'로봇을 만들어 사람들을 돕고 싶다!'

그 꿈을 더 꼭 쥐었다.

영원히 빠져나올 수 없을 것 같던 긴 터널도 결국은 끝이 났다. 꿈이 있기에, 좌절은 데니스 홍 이야기의 결말이 아니라 위기로 지나갔다.

아메바를 닮은 로봇을 만들겠다고?

초등학교 때, 누나, 형과 함께 학교 연못의 물을 떠 집으로 가져간 적이 있다. 현미경으로 들여다보면 뭐가 보일까 궁금했기 때문이다.

"누나, 이거 꼭 외계 생물처럼 생겼다!"

"정말이네? 헤엄치는 것 좀 봐."

우리는 현미경으로 보이는 다양한 생물체의 모습에 넋이 빠졌다. 한참을 움직이지 않고 집중해서 관찰했다. 신기하게 생긴 단세포 동물들이 꼬물꼬물 헤엄치고 있었다. 그냥 보면 보이지도 않는데, 이렇게 많은 생명체가 살고 있다니!

'아메바는 진짜 신기하게 움직이네? 나중에 이렇게 움직이는 로봇을 만들면 재미있겠다!'

단세포 동물
하나의 개체가 한 개의 세포로 이루어진 동물.
아메바, 짚신벌레 등이 있다.

어른이 된 나는, 그 상상을 현실로 바꿀 기회를 얻었다. 바로 '커리어 어워드(CAREER award)'에 지원할 연구 제안서를 작성할 때였다.

미국 과학재단에서 주는 '커리어 어워드'는 그 해 훌륭한 신인 과학자에게 주는 상이다. 누구나 받고 싶어 하지만, 극소수만 받을 수 있는 상! 이 상을 받으면 이름을 널리 알릴 수 있고, 유명해지는 만큼 다양한 연구를 할 수 있는 기회가 생긴다.

나는 커리어 어워드의 내용을 살펴보며 눈을 반짝였다. 꼭 받고 싶었다.

'미국 전 지역에서 연구 제안서가 몰려들겠지? 눈에 띄려면 참신한 주제가 필요해.'

곰곰이 생각하다가 어렸을 때 현미경으로 본 아메바를 떠올렸다.

아메바는 자기 몸을 자유자재로 놀린다. 흐느적거리는 젤리처럼 모양이 쉽게 바뀌고 물처럼 흐르기도 한다. 마치 영화 〈터미네이터2〉에 나오는 액체 금속 로봇처럼 말이다. 아메바의 특징을 살리면 무척 재미있는 로봇이 나올 것 같았다.

'그런데 젤리 같은 로봇을 만들 수 있을까? 형태를 아메바처럼 잡는다면 어떤 식으로 움직여야 하나……'

새로운 아이디어가 떠오르면 신 나야 하는데, 막막한 기분부터 들었다. 아메바에 대해 너무 몰랐기 때문이다.

나는 일단 도서관에 가서 단세포 동물을 다룬 책을 몽땅 빌려 왔다. 그리고 생물학자들을 찾아다니며 아메바를 주제로 이야기를 나누었다.

공부를 하면서 아메바가 무척 특별한 방법으로 움직인다는 사실을 알았다.

아메바는 몸속이 액체이고, 바깥 피부는 젤리와 비슷하다. 움직일 때마다 몸 안에 있는 액체가 앞으로 흐른다. 그 액체는 젤리로 변해, 머리 부분의 피부를 새로 만든다. 꼬리는 액체로 변해서 몸속으로 다시 흡수된다. 그러니까 몸속 액체가 젤리 피부로, 또 젤리 피부가 몸속 액체로 변하면서 움직인다는 사실! 정말 신기하지 않은가?

'아메바가 움직이는 원리를 로봇에 어떻게 적용하지······.'

몇 달을 고민했지만 쉽게 방법이 떠오르지 않았다.

머리를 식히려고 거리를 걷던 중에 우연히 장난감 가게에 들어갔다.

"어!"

선반에는 기다란 모양의 물 풍선이 있었다. 아이들이 흔히 가지고 노는 워터 위글러(Water Wiggler)●였다. 손으로 움켜잡으면 물 풍선이 뒤집어지면서 손 밖으로 삐져나왔다.

'그래, 바로 이거야!'

워터 위글러
가운데 긴 구멍이 나 있는 장난감. 소시지나 길게 늘인 도넛 혹은 물놀이 튜브처럼 생겼다.

답답했던 속이 뻥 뚫렸다. 물 풍선을 쥔 채로 서둘러 연구실로 돌아와 책상 앞에 앉았다. 아이디어와 이론이 만나니 연구 제안서를 쓰는 일은 거침없이 진행되었다.

장난감 물 풍선을 손에 쥐면 저 혼자 몸을 뒤집어 손에서 빠져나간다. 그 모습은 젤리 형태가 액체처럼 변해 몸으로 흡수되고, 앞부분은 다시 젤리 형태로 튀어나오는 아메바의 움직임을 닮았다.

이 움직임을 로봇에 적용해 누구도 보지 못한 새로운 로봇을 구상한 제안서를 완성했다.

그리고 '아메바 로봇'을 만들겠다는 연구 제안서로, 나는 커리어 어워드를 수상했다. 엄청난 영광이었다. 하지만 더 행복한 이유는 내 앞에 수많은 '기회의 문'이 열렸다는 사실이었다!

나의 연구가 사람들에게 알려지면서, 큰 관심을 모았다. 이제 내 꿈을 더 많은 이들과 함께 나눌 수 있게 되었다. 그것보다 기쁜 일은 없었다.

얼마 뒤, 아메바 로봇의 실험을 위한 시제품이 완성되었다.

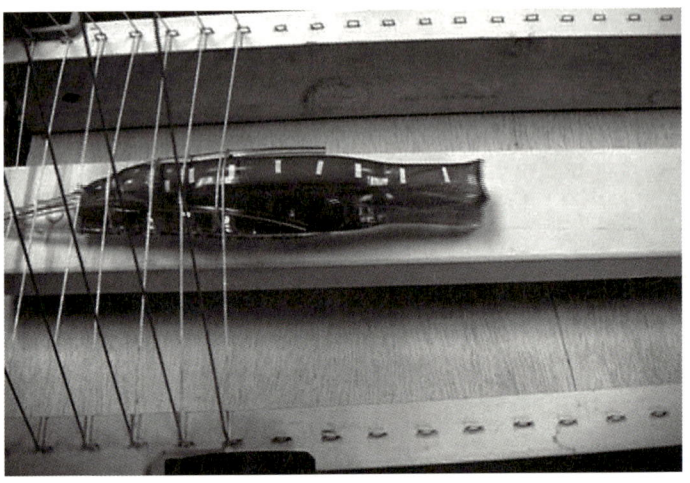

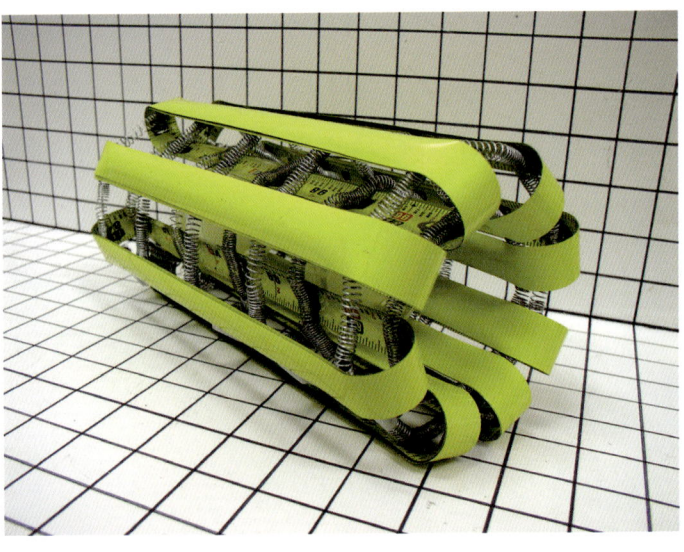

아메바 로봇은 몸 전체의
어느 부분이라도 외부 환경에 닿으면
그 마찰로 움직일 수 있다.

아메바 로봇은 우리가 보통 '로봇' 하면 떠올리는 모양과는 너무나도 달랐다. 로봇이라고 하면 끼릭끼릭 뻣뻣하게 움직이는 기계를 생각하지만, 긴 원통형에 말랑말랑한 재료로 만들어진 아메바 로봇을 본 사람들은 '이렇게 움직이는 로봇은 처음인데?' 하는 표정으로 깜짝 놀란다.

아메바 로봇은 재주도 많다. 몸이 길고 물렁물렁한 데다가 뒤집어지면서 움직이니 자기보다 훨씬 작은 구멍도 쉽게 통과할 수 있다. 건물이 무너져 좁은 공간을 비집고 들어가야 할 경우, 아메바 로봇이 딱이다. 또 아주 작게 만들면 사람의 몸속에 들어가 건강을 관찰할 수 있는 내시경 로봇으로도 쓸 수 있다.

아메바 로봇은 단순한 아이디어에서 출발했다. 하지만 자연에서 얻은 아이디어를 실제로 만들기 위해 나는 직접 공부하며 방법을 찾았다.

장난감에서 실마리를 찾을 수 있었던 것도, 내가 매순간 '로봇'을 생각하고 있었기 때문이다.

아이디어는 언제, 어디서든 찾아올 수 있다. 하지만 실현시키려면 해결책을 찾기 위해 노력해야 한다. 그렇지 않으면 결코 아이디어를 잡을 수 없다.

스트라이더가 탄생할 수 있었던 이유

대학원생 시절, 공원에서 여유로운 시간을 보내고 있을 때였다. 건너편 의자에 앉아 있던 아주머니가 여자아이의 머리카락을 예쁘게 땋아 주는 모습이 내 눈을 사로잡았다. 머리카락을 세 갈래로 나누어 능숙하게 땋아 내려가는 손놀림이 무척 흥미로웠다. 아주머니의 손은 춤추듯이 움직였다.

'호오······. 복잡해 보이는데 사실은 어떤 동작을 계속 반복하는 거구나.'

나는 항상 가지고 다니던 아이디어 노트를 꺼내 그 모습을 스케치했다.

생각은 사라지지만 기록은 사라지지 않는다. 나는 꼭 기억하고 싶은 것이 있으면 모두 노트에 적어 둔다. 길을 걷다가

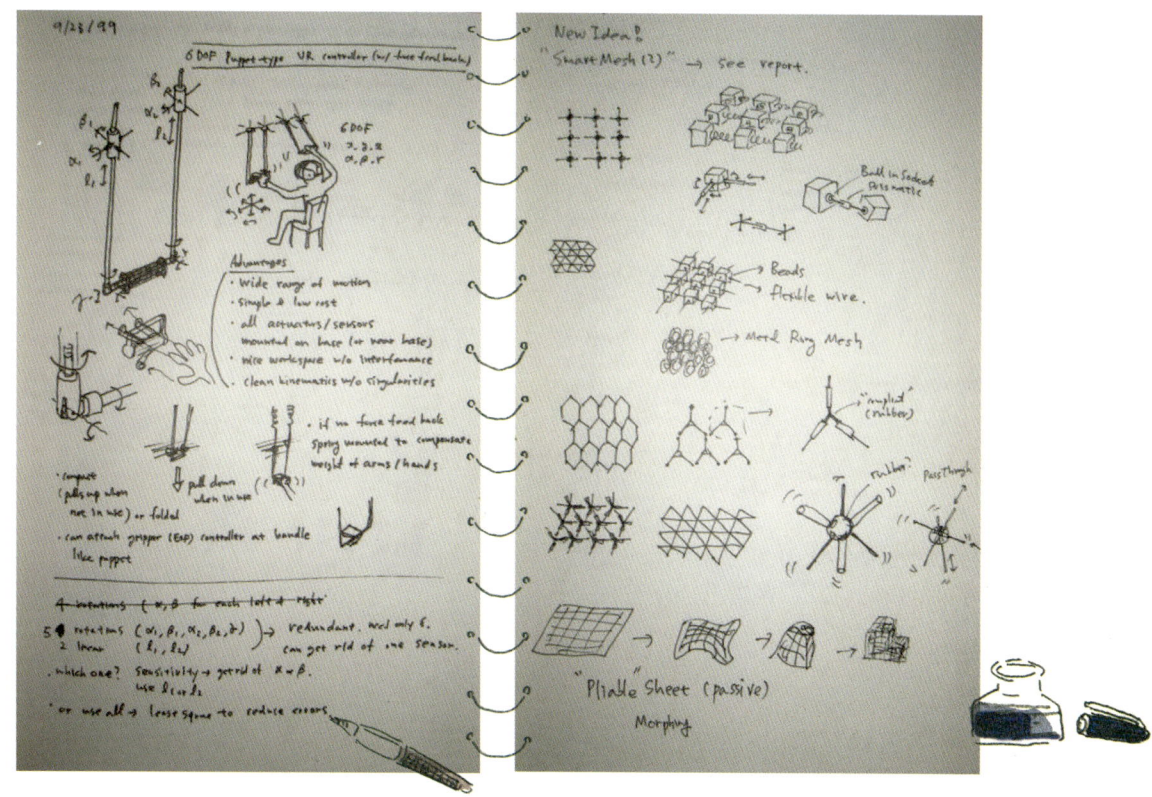

천장에 매달려 여러 형태로 움직이는 봉, 다양한 방법으로 연결되는 블록들……
나의 아이디어 노트에는 어디에, 어떻게 쓰일지 알 수 없는 재미있는 스케치가 가득하다.

도 신기한 것을 보면 무조건 노트를 꺼냈다.

그리고 그때 노트에 끼적인 스케치가 5년 뒤, 새로운 로봇을 만드는 데 큰 공을 세웠다.

'스트라이더(STriDER)'는 다리가 세 개 달린 로봇이다. 다리가 세 개이다 보니 걷는 모습이 무척 독특하다. 카메라 삼각대와 비슷하기도 하고, 외계인 로봇처럼 보이기도 한다.

세상을 향해 한 걸음 더 77

이 스트라이더를 만들 때 사용한 아이디어가 바로 머리카락을 땋아 주던 아주머니의 손놀림이다.

버지니아 공대 교수가 되어 연구 제안서를 쓰느라 바빴던 무렵이었다. 미국 해군연구소에서 '새로운 종류의 기동성 로봇'에 관한 연구 제안서를 받는다는 소식이 들렸다.

'새로운 방식으로 움직이는 로봇을 찾는단 말이군. 이거 흥미로운데!'

나는 아이디어 노트를 꺼내 훑어보며 생각에 잠겼다. 한 장 한 장 넘기다가 몇 년 전 공원에서 스케치한 머리 땋는 동작이 눈에 들어왔다.

'오호라!'

세 갈래로 나뉜 여자아이의 머리카락이 움직이는 모습은 마치 어떤 생물체의 움직임 같았다. 복잡해 보이지만 정해진 규칙대로 착착 나아가는 모습! 나는 로봇의 다리가 그 머리카락의 움직임처럼 걷는 장면을 상상했다.

왜 스트라이더가 생체 모방 로봇일까?

생물체가 가진 다양한 기능을 인위적으로 모방하거나 자연에서 영감을 얻어 만든 로봇을 '생체 모방 로봇'이라고 한다. 스트라이더는 다리가 세 개지만 역학적으로는 두 다리로 걷는 사람처럼 움직이기 때문에 생체 모방 로봇이라고 부른다.

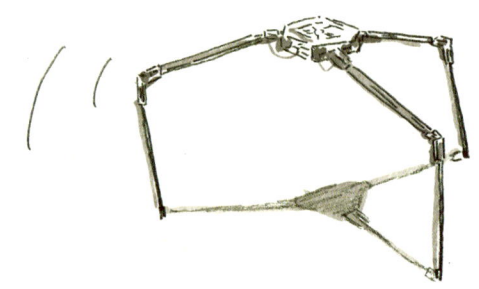

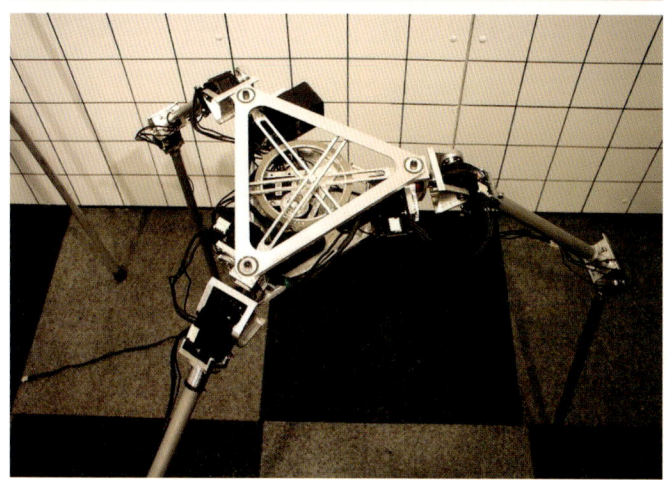

스트라이더는 다리가 세 개지만 사람처럼 두 다리로 우아하게 걷는다.
세 가닥 머리의 우아한 발레리나, 스트라이더!

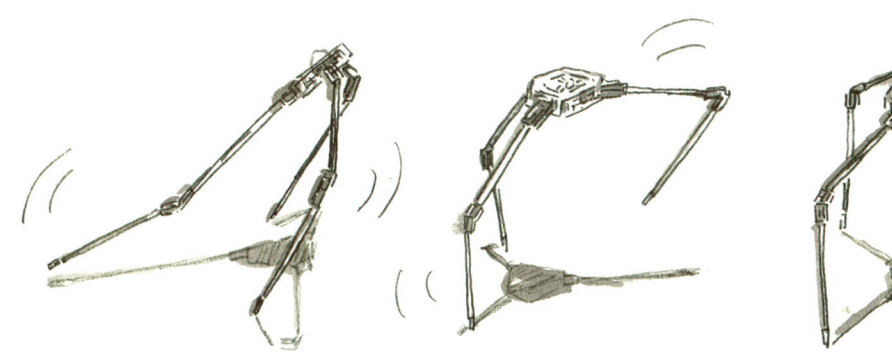
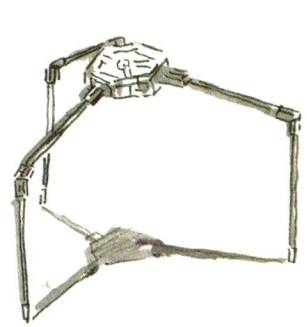

'머리카락을 땋는 동작이랑 똑같이 움직이면 다리들이 서로 꼬여 넘어지겠지? 앞으로 한 발자국 갈 때마다 몸체가 180도 뒤집어진다면? 그럼 다리가 꼬이지 않고 걸을 수 있지 않을까?'

유레카! 구체적인 형태를 갖추자 새로운 아이디어가 연이어 떠올랐다.

'다리가 세 개면 넘어질 위험이 없겠어. 안정적으로 설 수 있을 테니까 제일 위에 카메라를 달면 어떨까? 다리를 길게 만들어 키를 높이면 멀리 있는 것도 쉽게 볼 수 있을 거야. 그럼 정찰용으로 쓰기 좋겠지!'

스스로 질문하고 답하며 머릿속에 스트라이더의 형태를 정리했다. 스트라이더는 정말 새로운 로봇이었다. 이제까지 이런 로봇은 없었다. 그만큼 전문적인 지식과 기술이 필요했다. 누구도 만들어 본 적이 없으니, 비슷한 기술 역시 없었기 때문이다. 완성된 스트라이더의 걸음걸이는 우아한 발레리나 같았다.

세 개의 다리로 복잡하게 움직이는 스트라이더 같은 로봇을 넘어지지 않게 만들려면 창의력과 손재주만으로는 불가능하다. 로봇에 대한 열정과 번뜩이는 창의력, 무언가를 잘 만드는 손재주도 중요하지만, 그걸 뒷받침하는 과학 지식이 없다면 '취미'로서의 로봇에서 벗어날 수 없다.

이건, 로봇 과학자를 꿈꾸는 어린이들에게 꼭 당부하고 싶은 부분이다. 취미로 로봇을 만드는 데 심취하면서 기본이 되는 학문을 무시하는 경우가 종종 있다. 하지만 로봇 과학은 여러 학문을 바탕으로 연구해야 되는 학문이다. '과학'은 로봇을 만들기 위해 꼭 필요한 도구이고, 그 도구를 제대로 활용하려면 '수학'을 잘 알아야 한다. 로봇을 연구하는 과학자가 되고 싶다고? 그런데 과학이나 수학 성적이 좋지 않다고? 그렇더라도 절대 실망하고 포기할 필요 없다.

아무리 어려워도 꿈을 이룰 때 필요하다고 생각하면 열심히 공부할 수밖에 없다. 미래의 로봇 과학자들, 모두 힘내자!

꿈의 공장에 오신 걸 환영합니다!

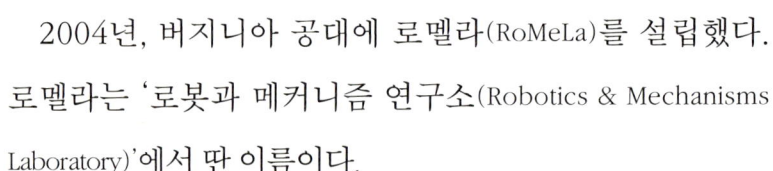

2004년, 버지니아 공대에 로멜라(RoMeLa)를 설립했다. 로멜라는 '로봇과 메커니즘 연구소(Robotics & Mechanisms Laboratory)'에서 딴 이름이다.

로멜라 이야기를 할 때면 나는 늘 가슴이 벅차오른다. 로멜라 로봇 연구소에 내 모든 열정이 담겨 있기 때문이다.

"교수님이 생각하는 로봇이란 무엇입니까?"

누군가가 묻는다면 나는 이렇게 답할 것이다.

"많은 사람들이 '로봇' 하면 차갑고 딱딱한 기계를 떠올립니다. 하지만 로봇은 사람을 돕고, 행복을 줄 수 있어요. 자신의 능력으로 인간에게 필요한 것을 제공하는 로봇은 무척 따뜻한 기계입니다."

내가 생각하는 로봇은 사람을 돕는 따뜻한 기계다. 그러니 로봇을 개발하는 일도 따뜻한 기술이다. 사람과 함께하는 로봇을 연구하고, 만들어 내는 공간! 그곳이 로멜라다.

나는 버지니아 공대의 교수가 되었을 때부터 꼭 하고 싶은 것이 있었다. 로봇 연구에 모든 힘과 열정을 쏟는 연구소를 만드는 일이었다. 아이디어가 넘쳐흐르고, 그 아이디어를 현실로 이끌어 내는 '꿈의 공장'이 필요하다고 생각했다. 그런데 그토록 원하던 로봇 연구소가 생긴 것이다!

로멜라는 하루 24시간, 1년 365일 언제나 환하게 불이 켜져 있다. 로멜라 설립 당시 함께한 50명 남짓한 연구원은 모두 버지니아 공대에서 공부하는 학생들이다.

로멜라에는 연구원들을 위한 모든 게 마련되어 있다. 연구하다가 허기지면 먹을 수 있는 과자와 음료수가 쌓여 있고, 편하게 낮잠 자는 곳도 있다. 커다란 텔레비전에 비디오 게임, 영화를 볼 수 있는 공간도 마련되어 있다.

"교수님, 로멜라는 정말 부족한

로멜라에는 컵라면과 각종 과자, 에너지 드링크 등 연구원들을 위한 먹거리가 가득하다. 그중 단연 인기는 바나나맛 우유다(사실 내가 좋아하는).

세상을 향해 한 걸음 더

게 없네요."

"연구소가 마치 놀이터 같아요! 하루 종일 놀아도 지루할 틈이 없어요."

이들이 이야기하는 '놀이'란 로봇 연구다. 그만큼 일이 신나고 재미있다는 말이기도 하다. 지금의 로멜라는 내가 봐도 정말 근사하다. 로멜라를 구경하는 사람마다 칭찬을 아끼지 않는다. 그런 순간이면 로멜라를 막 설립했던 때가 생각난다.

처음 교수로서 버지니아 공대에 왔을 때, 나는 내세울 만한 경력 하나 없는 초보였다. 연구비도, 사람도 부족했던 시절에 얻을 수 있는 장소는 지하의 아주 작은 구석방이었다. 창문도 없는 방에 놓인 가구는 책상 두 개가 전부였다. 나는 학생 두 명과 함께 뚝딱뚝딱 로멜라를 만들었다.

그렇게 시작한 로멜라는 이제, 어디에 내놓아도 뒤지지 않는 멋진 연구소로 자랐다. 처음 로멜라를 시작했을 때부터, 성공적인 연구소로 발전하려면 '즐겁게 일하기'와 '열정적인 사람들' 두 가지가 가장 중요하다고 생각했다. 재미있어야 연구소가 즐겁고, 왁자지껄 즐거운 분위기 속에서 아이디어가 나오기 때문이다. 그렇기에 로멜라는 연구원들에게 놀이터 같은 곳이어야 했다.

우리 연구원들은 자유롭게 둘러앉아 로봇에 대해 토론한다. 어떤 로봇을 만들어 보고 싶다는 이야기부터 어제 문득 떠오른 엉뚱한 아이디어까지, 형식에 얽매이지 않고 편안하게 이야기한다. 그러다 보면 특별히 눈에 띄는 아이디어가 있다. 여기에 대해 토론하다가 막히는 부분이 있으면 책장에서 필요한 책을 골라, 그때그때 보충하며 이어 나간다.

"여러분, 피자가 왔습니다!"

"와, 피자다!"

밤 12시쯤, 피자 대여섯 판을 사 들고 로멜라에 도착했다. 그때까지 연구에 열중해 있던 연구원들이 여기저기서 반갑게 뛰어나온다. 나는 종종 한밤에 피자를 사서 로멜라로 간다. 갈 때는 '잠깐 들렀다가 나와야지' 하고 생각하는데, 나와 보면 동이 터 있는 경우가 많다. 연구원들의 열정에 휩싸이면 밤은 훌쩍 지나간다.

인간을 위한 로봇을 개발하는 연구소 로멜라! 2014년, 내가 미국 캘리포니아 UCLA 대학으로 자리를 옮기면서 로멜라도 함께 이전했다.

새로운 로보틱스 프로그램과 함께 로멜라가 앞으로 어떤 활동을 펼쳐 세상을 놀라게 할지 나도 무척 궁금하다.

왜? 창의력은 공부가 아니니까!

"안녕하세요! 로멜라 브레인스토밍 세션*에 온 것을 환영합니다."

화창한 봄날 오후, 토요일인데도 불구하고 학생들이 속속 강의실로 모여든다. 갓 입학한 학생, 공대생이나 기계공학과가 아닌 학생도 섞여 있다.

두어 달에 한 번씩 열리는 '로멜라 브레인스토밍 세션'에 참여하려는 학생들이다. 내가 주최하는 이 세션은 누구나 참여할 수 있고, 게다가 피자도 공짜로 먹을 수 있다! 버지니아 공대에서는 유명해져서 다른 학과 학생도 많이 참여한다.

"이제부터 여러분과 아이디어 여행을 떠날 겁니다. 그 전

브레인스토밍 세션
창조적 집단 사고.
무엇에 대해 여러 사람들이 동시에 자유롭게 본인 생각을 제시하는 방법을 말한다.

에 우리가 반드시 지켜야 할 규칙이 하나 있습니다."

처음으로 세션에 참여한 학생들은 내가 무슨 말을 할지 궁금한 표정으로 귀를 기울인다.

나는 칠판으로 가서, 큼직한 글씨로 문장 하나를 적는다.

'다른 사람의 생각을 비판하지 않는다!(Nobody criticizes anybody's ideas!)'

비판이 나쁜 건 아니다. 꼭 필요한 비판도 있다. 하지만 창의적인 아이디어를 내놓을 때는 그리 유용하지 않다. 브레인스토밍은 학생들의 머릿속에 떠다니는 생각을 빠짐없이 쏟아 내게 만들어, 새로운 것으로 연결시키는 작업이므로 더더욱 그렇다.

"규칙을 어기는 사람은 강의실에서 당장 내쫓을 테니 명심하세요."

학생들은 주위를 둘러보며 고개를 끄덕인다.

이로써 아이디어 여행을 떠나기 위한 준비가 모두 끝났다. 오늘의 주제를 공개할 차례다.

"야외에서 오랫동안 작동하는 로봇을 개발하려고 합니다. 6개월 동안 숲 속을 돌아다니며 환경 오염에 대한 데이터를 측정하는 임무를 수행해야 하죠. 오랜 시간을 작동하려면 로봇에 필요한 에너지원을 어떻게 해야 할까요? 건전지를 충전하거나 바꿔 줄 사람도 없습니다. 자, 이제 문제를 해결할 수 있는 아이디어를 모아 볼까요?"

학생들은 한 손에 피자를 든 채로 고개를 갸웃거린다. 조용한 가운데 한 학생이 손을 들고 말한다.

"용량이 아주 큰 건전지를 탑재합니다."

"에이, 그러면 무거워서 움직이지도 못하지……."

강의실 구석의 한 학생이 혼잣말하는 소리가 들리자마자, 나는 그쪽을 향해 주의를 준다.

"오늘의 규칙! 기억하죠?"

세션의 주제는 정답을 요구하는 시험 문제가 아니다. 그보다는 발상의 전환이 필요한 토론이다. 주제는 보통 로봇을 다루지만, 중요한 건 '무엇'이 아니라 '어떻게'다. '어떻게'를 찾아가는 과정에서 '왜'를 반복하게 되는 것이다.

"화성 탐사 우주선처럼 원자로를 탑재합니다."

"태양 전지를 달아서 스스로 충전하도록 만들어요!"

서서히 학생들이 손을 들고 서로 발표하려고 분주해진다. 창의적인 에너지가 가득 차는 순간이다.

"다람쥐 쳇바퀴를 달아서 그 동력으로 발전기를 돌립니다."

강의실이 깔깔대는 웃음소리로 뒤덮인다.

　나는 절대로 학생들을 기죽이지 않으려고 용기를 북돋아 준다.
　"좋아요. 재미있는 생각이네요."
　"숲 속에 있는 로봇을 충전시킬 로봇을 보내고, 또 그 충전 로봇을 충전시킬 로봇을 보내고, 또 그 로봇을 충전시킬 다른 충전 로봇을 보내고……. 6개월 동안 계속 로봇을 보내다 보면 처음 로봇은 무사히 임무를 마치고 돌아오지 않을까요?"
　"로봇이 숲 속의 벌레를 잡아먹게 만들어서 그 화학 에너지를 전기 에너지로 변환시킵니다."
　황당하게 들릴지도 모르지만, 가만히 생각하면 정말 기발한 아이디어다. 야생 동물처럼 스스로 먹이를 사냥하고 소화시켜 에너지를 얻는 로봇이라니!
　강의실에 모인 학생들이 한 번씩은 자신의 생각을 말할 수 있게끔 이런 과정을 수차례 반복한다. 참신한 아이디어도 있고 말도 안 되는 아이디어도 있지만, 모든 아이디어는 그 자체로 가치가 있다.
　사방에서 쏟아지는 의견을 적어 나가다 보면, 벽면의 커다란 칠판이 어느새 빼곡하다. 그러면 본격적으로 아이디어를 연결

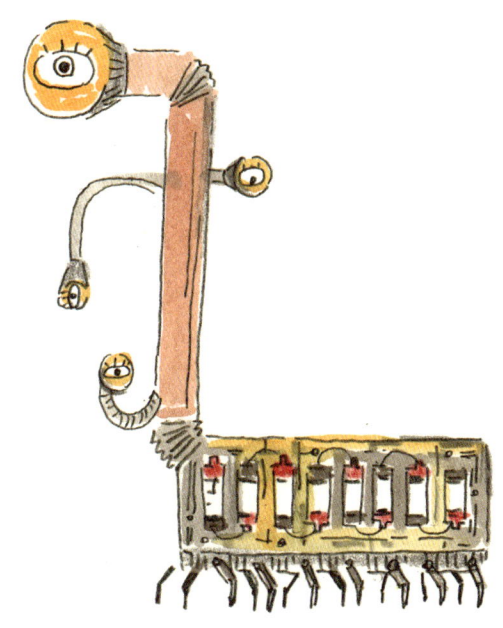

하기 시작한다. 다른 방식의 같은 아이디어, 방향성이 같은 아이디어를 묶고 또 묶는다. 그렇게 지우고 정리하면 보통은 여덟 개 정도로 간추릴 수 있다.

이제부터는 좀 더 정교한 작업이 필요하다. 처음에 적용했던 브레인스토밍의 규정도 바뀐다.

"이 여덟 개의 아이디어를 실현 가능하게 만들어 봅시다. 지금부터는 다른 사람의 의견을 비판해도 좋습니다. 단, 이유를 함께 말해야 합니다."

이건 가능한데 저건 왜 안 되는지에 대해 의견이 엇갈리면서 강의실 분위기가 달라진다. 하나를 뒤집어서 또 다른 아이디어가 만들어지기도 하고, 몇 개가 하나로 합쳐져 새로운 아이디어가 나오기도 한다. 여기에 내가 코멘트를 해 주면서 여덟 개로 시작했던 아이디어는 하나둘 줄어든다.

결국 하나의 해결책이 남을 때까지 학생들의 열띤 토론이 이어진다. 물론 매번 해결책을 얻는 건 아니고, 운이 좋아야 겨우 마음에 드는 답을 얻는다.

가장 중요한 것은 결과보다 과정이다. 내가 학생들에게 가르치고 싶은 건 '정답'이 아니다.

로멜라 브레인스토밍 세션은 창의력을 키우는 자리다. 창의력은 도서관에서 열심히 공부하거나 학원을 다닌다고 길러지는 게 아니다. 언제 어디서든 주위의 모든 것에 호기심을 갖고 관찰하는 것! 나는 학생들이 창의력을 발휘할 수 있도록 도울 뿐이다.

이 세션을 통해 학생들은 머릿속에만 있는 '생각'은 결코 '아이디어'가 아니라는 걸 깨닫는다. 또한 함께 이끌어 낸 아이디어가 어떤 과정을 통해 반짝이는 해결책으로 거듭나는지를 경험한다. 반신반의하며 강의실을 찾았던 학생들이 바뀌는 순간이다.

한 시간 정도의 짧은 아이디어 여행! '로멜라 브레인스토밍 세션'은 학생들뿐 아니라 내게도 로봇을 만드는 것처럼 늘 즐겁고 짜릿한 경험이다.

인간에게 행복을 주는 로봇

2005년, 나사(NASA, 미 우주항공센터)에서 세 달 동안 연구할 수 있는 기회가 생겼다. 여러 우주 탐사 로봇을 직접 볼 수 있다는 생각에 무척 들떴다.

도착해 보니 나 같은 공학자도 있었지만, 자연 과학을 연구하는 과학자가 무척 많았다. 매일 함께 점심을 먹으며 다양한 주제로 이야기를 나누었다.

하루는, 지질학자들과 대화하던 중이었다. 그날의 주제는 화성˙이었다. 화성에 있는 탐사선이 사진을 찍어 보내왔기 때문이다.

"여기 이 구슬처럼 생긴 건 뭘까요?"

"글쎄요. 저도 처음 보는 물체네요."

화성
태양에서 네 번째로 가까운 행성. 두 개의 위성이 있으며, 지구와 가까워 많은 연구가 이뤄진다.

"화성에 있는 계곡과 절벽을 자세히 볼 수 있다면 얼마나 좋을까요?"

누군가 말하자, 동료 학자들이 고개를 끄덕이며 한숨 섞인 목소리로 답했다.

"이곳에서 개발한 것 중에는 계곡과 절벽으로 갈 수 있는 로봇이 없거든요. 우리가 제일 궁금한 곳이 바로 거긴데 말이에요. 계곡과 절벽을 볼 수 있다면, 화성에 대한 많은 궁금증이 풀릴 거예요. 정말 아쉽죠."

나사에서 돌아온 뒤에도 지질학자들의 아쉬워하는 표정이 머릿속에서 사라지지 않았다. 내가 화성의 계곡과 절벽을 탐험할 수 있는 로봇을 만들면 환한 웃음을 줄 수 있을 것 같았다. 화성의 비밀을 밝히는 데도 큰 도움이 될 테고 말이다.

좋은 아이디어가 없을까 생각하다가 암벽 타는 사람의 모습이 퍼뜩 떠올랐다.

'암벽 타기?'

지금 필요한 건 절벽을 오르내릴 수 있는 로봇이다. 암벽을 타는 사람은 밧줄을 타고 가파른 절벽에 오른다. 한 발 한 발 이동할 때마다 디딜 틈을 찾는다. 만약 이렇게 움직이는 로봇을 만든다면? 가능할 것 같았다!

로봇이 미끄러지지 않고 절벽을 오르려면 한 발을 떼는 것도 정확하게 계산해야 한다. 얼마만큼 힘을 주고, 어느 방향으로 움직일지 말이다. 이 계산을 할 수 있는 로봇을 만들기 위해, 로멜라의 한 연구원과 힘을 모았다.

완성된 로봇의 이름은 '클라이머(CLIMBeR)'.

"성공이다! 교수님, 드디어 클라이머가 성공했어요!"

우리는 클라이머를 만들어 절벽을 오르내리는 실험을 했다. 성공이었다. 미끄러지지도 않았고, 발을 헛디디지도 않았다. 하지만 개발은 여기서 중단되었다. 연구에 쓸 돈이 바닥났기 때문이다. 정말 아쉬웠다.

'클라이머가 세상에 나온다면 여기저기 쓸 일이 많을 텐데……'

깊은 탄광이나 터널 같은 곳에서 사고가 나면 안에 갇힌 사람들을 구조하기가 무척 어렵다. 사람을 구하러 들어간 구조 대원이 목숨을 잃는 안타까운 경우도 종종 있다. 이럴 때 클라이머가 출동한다면 생명을 지킬 수 있다!

암벽을 오르다가 절벽에서 조난당한 사람을 구조할 때도 유용하다. 헬리콥터가 접근하기 어려운 곳도 클라이머는 쉽게 오르내릴 수 있기 때문이다.

언젠가는 클라이머를 세상에 꼭 선보이고 싶다. 클라이머는 사람을 구조하고, 화성에도 갈 수 있다.

화성에 생명체가 있을까? 절벽을 오르내릴 수 있는 클라이머는 그 비밀을 풀 열쇠를 찾아 줄 것이다.

"Welcome to RoMeLa!(로멜라에 오신 것을 환영합니다!)"

로멜라에 손님이 오면, 여섯 개의 다리로 컴퓨터 키보드를 쳐 반갑게 인사하는 로봇이 있다. 바로 마스(MARS), 우리 로멜라의 마스코트다. 마스도 클라이머처럼 나사에 다녀온 뒤에 만든 로봇이다.

나사에 있던 세 달 동안, 나는 'LEMUR 2a 프로젝트'에 참가했다. 다리가 여섯 개나 달린 로봇의 겉모양은 꼭 '거미'나 '게' 같았다. 움직이는 모습도 무척 비슷했다. 앞뒤, 오른쪽, 왼쪽 구분 없이 어느 방향으로도 걸을 수 있었다.

모두 이 신기한 로봇을 보고 웅성웅성하는데, 나사 연구원이 소개해 주었다.

"이 로봇은 지구나 다른 혹성의 땅 위를 걷고 돌아다니는 용도로 만든 것이 아닙니다. 우주 공간에서 쓰려고 개발했죠. 우주 왕복선이나 우주 정거장 밖을 조사하고 보수하는 작업을 하는 게 이 녀석의 임무입니다. 여러분께서는 이 로봇이 무중력• 상태에서도 걸을 수 있도록 만들어 주어야 합니다."

〈스타워즈〉를 보면 로봇 R2-D2가 고장 난 우주선을 고치는 장면이 나온다. 우주선 밖, 무중력 상태에서 말이다. 무중력 상태에서는 우리가 평소에 걷는 것처럼 움직일 수 없다. 우리 몸을 땅으로 끌어당기는 중력이 없기 때문이다. 그래서

무중력
중력의 가속도가 0이 되어 무게를 느끼지 않는 상태. 지구 위에서 정지한 물체는 중력을 받지만, 지구에서 멀리 떨어진 우주 공간에서는 지구의 중력이 미치지 않아 무중력 상태가 된다.

우주선에 탄 사람들을 보면 수영하듯 공중에 둥둥 떠다니는 것이다.

'영화 속 장면을 현실로 만들라는 말이야?'

어려운 과제였지만 그만큼 재밌는 주제였다. 우리 팀은 다양한 의견을 냈다.

가장 설득력 있는 아이디어는 '도마뱀 발바닥'이었다. 도마뱀은 벽도 기어올라 가고 천장에도 거꾸로 매달려 걸을 수 있다. 어떻게 가능할까? 비밀은 바로 발바닥에 있다.

도마뱀의 발바닥에는 수많은 털이 빼곡하게 나 있다. 이 털에서 약하지만 그런 붙는 힘이 나온다. 만약 발바닥 털이 듬성듬성 나 있거나, 수가 적었으면 불가능했을 일이다.

이 로봇을 실제로 만들기 위해서는 로봇 과학자, 재료 공학자, 생물학자가 힘을 합쳐야 했다.

다른 학자들과 토론하며 새로운 로봇을 만들기 위해 애쓰던 중이었다.

"데니스, 끝까지 함께하면 좋을 텐데 이렇게 헤어지다니 너무 아쉽습니다."

"그러게요. 멀리서도 연구를 같이 할 수 있는 방법이 있는지 고민해 보겠습니다."

나사와 약속한 연구 방문 기간 세 달이 지났기 때문에 나는 일단 그곳을 떠나야 했다.

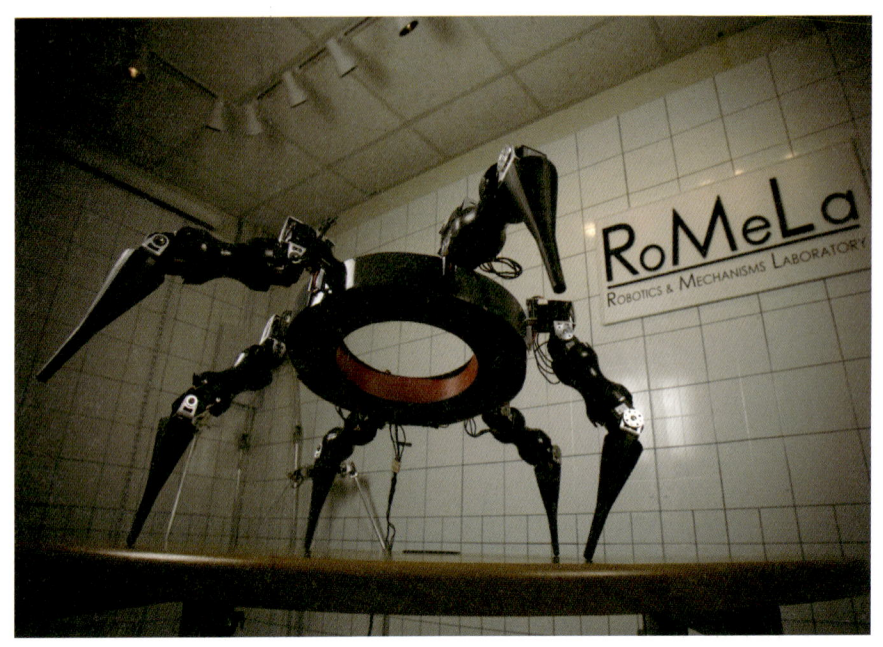

하지만 그렇게 포기할 내가 아니다! 로멜라에 돌아온 뒤에는 연구원들과 함께 나사에 두고 온 'LEMUR 2a'의 쌍둥이 로봇인 '마스'를 만들었다.

마스가 있으니, 멀리 떨어져 있어도 연구를 계속할 수 있었다. 연구 과정을 나사에 있는 학자들과 이메일로 주고받으며 끝까지 이어 나갔다.

여러분이 우리 연구소에 놀러 오면 지금은 은퇴한 마스가 가장 먼저 환영 인사를 건넬 것이다.

마스는 무중력 상태에서 우주 정거장 위를 어떻게 걸을까?

걷기 위해서는 다리가 어딘가에 닿아서 힘을 전달해야 한다. 하지만 우주 공간에는 공기가 없으니 흡착판으로 붙는 것은 불가능하고, 우주 정거장은 자석이 붙지 않는 재질이라 자석을 써도 소용없다. 마스에는 도마뱀 발바닥에 난 수천 개의 미세한 털을 사용해 미끄러운 유리 표면에도 달라붙는 방식을 적용했다. 이 접착력은 새로운 화학적인 방법으로 기존의 접착제와 전혀 다른 원리다.

세상을 향해 한 걸음 더

3장
누구나 행복할 권리가 있다

우연히 시작된 프로젝트

2007년, 교수에 임용된 뒤에 연구 제안서를 쓴다고 밥 먹듯이 밤샘을 할 때였다. '무인 자동차 경주 대회'가 열린다는 뉴스를 보게 되었다. 미국 국방부 산하 연구 기관인 다르파(DARPA)에서 주관하는 이 대회는 2004년부터 2007년까지 총 3회째 개최되고 있었는데, 사람 없이도 움직이는 무인 기술에 관심이 많던 내게 무척 반가운 소식이었다.

'도시에서 자동차가 사람의 도움 없이 혼자서 목적지까지 안전하게 가면 승리하는 거라고?'

무척 간단해 보이지만 사실은 전혀 아니었다. 일단 복잡한 시내에서 100킬로미터나 되는 거리를 자동차 혼자 여섯 시간 동안 움직여야 한다. 또한 대회에 참가하는 로봇 자동차들은 다른 일반 자동차와도 나란히 달려야 한다! 사고가 있어서는 안 된다. 교통 법규도 지켜야 한다. 주차장의 빈자리를 찾아 주차도 해야 한다. 이렇게 무사히 목적지까지 도착해야 경기가 끝난다.

굉장히 어려울 것 같았지만, 한편으로 도전 정신이 솟구쳤다. 그때 동료 교수가 찾아왔다.

"데니스, 도시에서 무인 자동차 경주 대회가 열린다는 소식 들었어요?"

"네, 무척 흥미진진하던데요."

"참가해 볼까 하는데, 혹시 데니스도 생각 있나요?"

"정말입니까? 저도 꼭 함께하고 싶습니다!"

연구 제안서를 쓰느라 지쳤던 마음이 확 살아났다. 동료 교수들과 힘을 모아 대회를 준비하기 시작했다.

팀 이름은 버지니아텍(Virginia Tech)의 약자인 'VT'를 따서 '빅토르탱고(VictorTango)'로 정했다. 60여 명의 빅토르탱고 팀원 중에 교수는 넷뿐이고, 대부분 학부생이었다. 불가능해 보이는 일에 학생들과 함께 도전해 보자는 뜻에서였다.

우리 팀이 열심히 만든 로봇 자동차의 이름은 '오딘'. 북유럽 신화에 나오는 최고의 신 오딘처

꼭 1등을 하겠다는 욕심은 없었다. 빅토르탱고 팀원들과 함께 새로운 도전을 한다는 사실만으로도 충분히 의미 있었다. 뒤로 보이는 로봇 자동차가 바로 오딘.

럼, 로봇 자동차가 멋지게 달렸으면 하는 바람을 담았다.

드디어 결승전 날이 되었다.

"오딘, 널 믿는다!"

"힘내, 오딘! 기다리고 있을게!"

모두 추운 날씨도 아랑곳하지 않고, 출발선에 선 오딘을 목청껏 응원했다. 오딘이 스스로 목적지에 도착할 때까지 다들 긴장을 풀지 못했다. 정지 신호를 잘 지켜 안전하게 정지하면 환호성을 질렀다. 아슬아슬할 때는 다 같이 침을 꿀꺽 삼켰다. 그렇게 여섯 시간이 지났다.

그리고 믿을 수 없는 결과가 나왔다. 우리 팀이 3등을 한 것이다. 전문가로 꾸려진 팀들을 제치고 우리가 상을 받다니! 박수갈채를 받으며 우리는 만세를 불렀다.

무인 자동차 경주 대회에서 생각보다 좋은 성적은 거두자, 나는 자신감으로 가득 찼다.

그리고 얼마 뒤, 미국 시각장애인협회(NFB)가 '시각 장애인 드라이버 챌린지'를 열었다. 나는 개발해 둔 오딘을 활용해서 이번에도 도전해 보기로 했다.

그런데 미국 시각장애인협회 사람들과 회의를 하면서 당황스러운 사실을 알게 되었다.

"이번 대회는 자동차 혼자 운전하는 경주가 아닙니다. 시각 장애인이 직접 운전해서 목적지에 도착하는 것이 목표지요."

"네? 시각 장애인이 직접 운전을 해야 한다는 말입니까?"

"그렇습니다."

내 실수였다. 이들이 원하는 건 시각 장애인을 태우고 알아서 움직이는 자동차가 아니라, 시각 장애인이 직접 판단해서 운전할 수 있는 자동차였다.

다른 팀들은 대회의 내용을 보고 모두 참가를 포기했다. 불가능한 일인 데다가 성공한다고 해도 돈이 되지 않는다고 생각한 것이다.

알고 보니 제대로 내용을 확인하지 않은 우리 팀만 회의에 참가한 거였다. 뒤늦게 프로젝트의 내용을 다시 살펴보면서 나는 초조해졌다.

'이제 와서 못하겠다고 포기할 수도 없고……. 괜히 도전했다가 실패하면 어쩌지?'

하지만 한편으로는 오기가 스멀스멀 올라왔다. 다들 안 된다고만 하는데, 정말 무모한 도전일까? 모두 안 된다고 하는 일을 성공시키면 얼마나 짜릿할까?

나는 일단 시작해 보자고 마음먹었다.

'그런데 어디서부터 시작해야 하지?'

그때까지 나는 시각 장애인을 만나 본 적이 없었다. 시각 장애인은 우리와는 다른, 앞을 보지 못하는 불쌍한 사람들이라고만 생각했다.

'그 사람들에 대해 아무것도 모르면서 성공하고 싶다는 욕심만 내다니…….'

부끄러움에 얼굴이 빨갛게 달아올랐다.

시각 장애인이 하루를 어떻게 보내는지 알아야 어떻게든 실마리가 풀릴 것 같았다. 당장 안대로 눈을 가리고, 손에 지팡이를 들어 보았다.

"으악! 답답해!"

안대를 벗어 던지고 시계를 보니 고작 10분이 지나 있었다. 한 시간은 지난 것 같았는데…….

이렇게는 안 되겠다 싶어 학생들과 함께 미국 시각장애인 협회를 찾았다. 시각 장애인들과 함께 생활하며 그들의 일상을 관찰하고 싶다는 뜻을 전했다.

우리는 시각 장애인과 가까이에서 지내며, 수많은 질문을 했다. 귀찮을 법도 한데, 시각 장애인들은 우리의 질문에 정성 들여 답해 주었다.

"시각이 없는 대신 특별히 더 발달한 감각이 있나요?"

"지갑에서 지폐를 꺼낼 때, 크기가 같은 지폐를 어떻게 구분하나요?"

"옷 색깔을 어떻게 맞춰 입는지 이야기해 주세요."

무엇보다 함께 식당에서 밥을 먹으면서, 나는 정말이지 깜짝 놀랐다. 눈이 안 보이는데도 물을 엎지르거나 음식을 잘못 집는 실수가 전혀 없었다.

그 모습을 보면서, 과연 이들이 운전을 할 수 있을까 했던 의심을 거두었다. 시각 장애인에게 맞는 자동차를 만든다면 분명 운전할 수 있으리라는 확신이 생겼다. 그들은 우리와 다르지 않았다. 시각 장애인 중에는 변호사도 있고, 뛰어난 화가도 있다. 건축가는 물론이고, 자동차 기술자도 있다. 게다가 취미로 스키도 타고, 소리가 나는 공을 사용해 축구나 야구도 즐긴다. 시각 장애인이 이렇게 다양한 활동을 하는 걸 이제까지 몰랐다니……. 나야말로 장님이었다. 눈 뜬 장님!

"데니스, 우리는 시각 장애인 자동차 대회로 사람들의 인식을 바꾸고 싶어요."

미국 시각장애인협회에서 활동하는 마크가 내게 말했다.

"사람들은 시각 장애인이 절대로 운전을 할 수 없다고 생각해요. 그리고 보통 사람과 우리를 나누는 벽을 세우지요. 우리는 그 벽을 무너뜨리고 싶어요."

"…………."

아무 말도 할 수 없었다. 나도 이제까지 시각 장애인에 대해 편견이 있었기 때문이다.

"데니스가 하려는 일은 이런 세상을 바꾸는 일이에요. 우리 잘해 봐요."

시각 장애인은 보는 것 말고는 뭐든지 할 수 있는 사람들이다. 이들을 위한 자동차를 만들어야 한다.

이렇게 나의 생각이 바뀌자, 그때부터 일이 풀리면서 본격적으로 연구가 시작됐다. 우리는 수없이 실험을 했다. 작은 성과를 낼 때마다 뛸 듯이 기뻤지만, 생각처럼 되지 않아 답답할 때도 무척 많았다.

그렇게 1년 동안 땀 흘려 탄생한 자동차가 '데이비드(DAVID)'였다.

가장 행복한 미소를 목격하다

2009년 5월, 무척 화창한 봄날! 우리 팀은 버지니아 공대에 있는 어느 작은 주차장에 모였다. 데이비드가 세상에 첫 등장하는 날이기 때문이었다. 하지만 신문 기자도, 방송 카메라도 없었다. 구경하러 온 사람도 하나 없이 조용히 진행되었다.

운전은 미국 시각장애인협회의 회원인 웨스가 하기로 했다. 웨스는 더듬더듬 차 안으로 들어가 운전석에 앉았다. 나는 떨리는 마음으로 차 열쇠를 전했다.

"성공을 빌어요. 그리고 즐겨요!"

나는 조마조마한 마음을 숨기고 씩씩하게 말했다.

웨스가 미소를 보이며 시동을 걸었다. 부르릉. 웨스가 조심스레 페달을 밟자, 데이비드가 서서히 앞으로 나아가기 시작했다.

웨스가 쓴 헤드폰으로는 컴퓨터의 지시가 전달됐다. 웨스는 주의 깊게 지시를 들으며 어느 방향으로 갈지 결정했다. 웨스가 운전대를 꺾었다. 왼쪽, 오른쪽으로 삐뚤빼뚤 가기는 했지만 그가 운전하고 있다는 사실만은 틀림없었다.

'후유.'

웨스가 출발한 뒤, 나는 혹시라도 데이비드에 문제가 생길까 봐 컴퓨터 모니터를 뚫어져라 보고 있었다. 이대로면 무사히 끝나겠다는 안도감으로 허리를 펴는데, 운전하는 웨스의 얼굴이 눈에 들어왔다.

순간, 나는 할 말을 잃었다. 태어나서 그렇게 행복해하는 사람의 얼굴은 처음 보았다! 비록 엉금엉금 기어가는 자동차였지만 웨스는 자유를, 행복을, 희망을 느끼고 있었다. 그가 보여 준 함박웃음은 그날의 빛나는 태양보다 몇 배는 더 반짝였다.

'내가 하는 일이 사람들에게 행복을 가져다줄 수 있구나!'

심장이 쿵쿵 뛰었다. 내 마음에는 웨스의 미소가 또렷하게 남았다. 더 많은 사람들에게 그런 미소를 선물하고 싶다는 생각이 마음속 깊이 차올랐다.

시운전이 성공한 뒤, 데이비드를 사람들에게 다시 선보일

새로운 세계를 경험한 사람의 희열이 바로 여기 있었다!
그날, 웨스의 미소를 죽을 때까지 잊지 못할 거다.

기회가 찾아왔다. 바로 시각 장애인 학생을 위한 캠프에서 였다.

  우리는 시각 장애인 학생들에게 자동차의 작동 원리에 대해 설명해 주고, 실제로 타이어를 갈아 끼우거나 오일을 바꾸는 체험과 함께 데이비드를 운전해 보는 시간을 마련했다. 학생들의 운전 실력은 저마다 달랐지만, 모두 데이비드를 운전하며 자유를 만끽했다.

워싱턴 포스트
미국 수도 워싱턴 D.C.에서 발간되는 신문. 1877년에 창간되었으며, 미국의 가장 대표적인 일간지다.

그날 마침 〈워싱턴 포스트〉•의 기자가 이 캠프를 취재하고 있었다. 기자는 시각 장애인 학생들이 운전하는 모습이 인상 깊었는지 우리에게 여러 가지 질문을 하고 갔다.

"우아, 교수님! 이것 좀 보세요!"

"무슨 일이야?"

학생들이 신문에서 눈을 떼지 못하고 있었다. 도대체 왜 그러나 싶어 봤더니…… 아니 글쎄, 〈워싱턴 포스트〉 1면에 데이비드에 관한 기사가 실린 게 아닌가? 그것도 대문짝만 하게!

눈이 휘둥그레져서 읽어 내려갔다. 기사는 시각 장애인용 자동차 데이비드가 '달 착륙에 버금가는 성과'를 냈다고 극찬하고 있었다. 정말로 달 착륙처럼 인류의 역사에 큰 획을 그었다기보다는 그만큼 사람들의 고정 관념을 뒤엎었다는 뜻이었다.

따르릉! 따르릉! 따르릉!

그 순간, 전화벨이 세차게 울렸다. 데이비드를 취재하고 싶다는 전화였다. 그리고 그날 하루 종일 로멜라 연구원들은 빗발치는 전화를 받으며, 즐거운 비명을 질렀다.

데이비드는 다양한 매체에 소개되었고, 곧 미국에서 제일 유명한 자동차 중 하나가 되었다.

세상을 바꾸고 있다는 증거

　시각 장애인용 자동차 데이비드가 이름을 날리자 로멜라 연구소로 편지가 쏟아지기 시작했다. 대부분 시각 장애인에게서 온 편지였다. 많은 사람들이 평생 운전을 못 할 줄 알았는데, 희망을 줘서 고맙다는 마음을 담아 보냈다. 데이비드를 운전해 보고 싶다는 부탁도 많았고, 앞으로 계속될 연구에 힘을 보태고 싶다는 사람도 여럿 있었다.
　정반대의 목소리도 있었다. 시각 장애인용 자동차 개발을 당장 멈추라는 내용의 편지였다. 심지어 욕설과 협박을 퍼붓기도 했다. 나는 큰 충격을 받았다. 손이 덜덜 떨려 편지를 끝까지 읽을 수 없었다.
　하지만 반대하는 이유를 알아야 했다. 마음을 단단히 먹고 하나씩 읽어 나갔다.

"운전하다가 휴대 전화로 문자 메시지를 보내는 사람들 때문에 사고가 많이 납니다. 잠깐 한눈판 사이에 일어나는 일이죠. 그런데 앞이 안 보이는 사람에게 운전을 맡기겠다고요? 그러다가 사고가 나서 사람이 죽기라도 하면 당신이 책임질 수 있습니까?"

"시각 장애인용 자동차가 운전 중에 도로 한복판에서 고장이라도 나면 어떻게 할 건가요?"

"운전을 하다 보면 함부로 끼어드는 운전자 때문에 위험할 때가 많습니다. 아무리 똑똑한 컴퓨터라도 그런 상황을 모두 예측할 수 있을까요?"

대부분 안전을 걱정하는 내용이었다. 사람들은 시각 장애인이 운전대를 잡는 장면을 상상조차 하지 못했다. 나 역시 그랬다. 시각 장애인용 자동차를 연구하지 않았다면 평생 그렇게 생각했을 것이다.

하지만 시각 장애인들과 시간을 보내면서 마음이 바뀌었다. 시각을 대신할 수 있는 과학 기술이 있다면 이들도 운전할 수 있을 거라고 말이다.

이렇게 내 마음도 진정되고, 반발도 수그러들 무렵이었다. 생각지도 못한 곳에서 저항이 다시 시작되었다.

미국에는 여러 시각장애인협회가 있다. 그중 한 곳에서 적

극적으로 시각 장애인용 자동차 프로젝트를 반대하고 나섰다. 여러 매체를 통해 무슨 일이 있어도 시각 장애인용 자동차 개발을 막을 것이라고 했다.

"여보, 그 협회는 대체 왜 시각 장애인용 자동차를 반대하는 거야?"

"장애가 없는 사람들과 똑같이 취급되면 시각 장애인만 갖는 특별한 혜택이 줄어들까 봐 그러는 것 같아. 작은 사고라도 나면 시각 장애인에 대한 시선이 더 안 좋아질 거라는 생각 때문에도 그렇고……."

"어휴, 다른 사람도 아닌 같은 시각 장애인이 그렇게 생각한다니! 참 씁쓸하네."

내 마음도 그랬다. 시각 장애인이 자신들을 위한 기술을 비난하다니? 오랫동안 열정을 다해 매달렸던 일이 허무하게 느껴졌다.

'시각 장애인을 행복하게 만드는 일이라고 생각했는데……. 내 생각이 틀렸던 걸까?'

일이 손에 잡히지 않았다. 고개를 푹 숙이고 맥 빠진 모습으로 학교를 터덜터덜 걸었다.

"저항이 있다는 건 세상을 바꾸고 있다는 증거지."

내 곁을 지나가던 누군가가 이 한마디를 툭 던졌다. 같은 학과의 나이 지긋한 교수님이었다. 나는 교수님이 지나간 자리를 멍하니 바라보았다.

'세상을 바꾸고 있다는 증거?'

교수님의 조언은 내 가슴속 깊이 파고들었다.

'그래. 지금 내가 하는 건 세상을 바꾸는 일이야. 세상은 쉽게 바뀌지 않아! 반대하는 목소리가 큰 건, 그만큼 큰 변화를 일으킬 만한 사건이기 때문이야.'

데이비드를 운전하던 웨스의 얼굴이 떠올랐다. 그 환한 표정을 생각하니 가슴이 뜨거워졌다. 데이비드는 많은 시각 장애인에게 운전할 수 있다는 꿈을 꾸게 만들었다. 나는 그 꿈을 현실로 만들고 싶었다.

기운을 차리고, 시각 장애인이 실제 도로에서 사용할 자동차를 만들어 보기로 했다. 시각 장애인 운전자가 자신에게 닥친 상황을 재빨리 알아챌 수 있는 기술! 나는 이 기술을 개발하는 일에 온 신경을 집중했다. 해답은 피부로 느끼는 촉각에 있었다.

'시각 장애인의 손에 진동기가 장착된 장갑을 끼운다면? 의자에도 진동기를 장착한다면? 차에 예민한 센서를 달아, 비나 눈이 오거나 날씨가 흐려서 위험한 상황을 장갑으로 전

달할 수 있을 거야. 도로에서 불쑥 튀어나오는 장애물도 알릴 수 있을 테고.'

지금까지 무인 자동차를 만들며 쌓은 경험과 새로운 아이디어를 쏟아부어 '브라이언(BRIAN)'을 만들었다. 브라이언을 만들 때 가장 중요한 존재는 시각 장애인이었다. 그들이 어떻게 생각하고 느끼는지가 가장 중요했다. 브라이언을 만드는 내내 시각 장애인과 함께 실험하고 연구했다.

드디어 브라이언이 처음으로 사람들 앞에 서는 날! 자동차 경기장에 나타난 브라이언의 모습은 위풍당당했다.

브라이언을 운전하기로 한 마크도 뒤따라 도착했다. 설렘

세상을 바꾸기 위해 진짜 필요한 것은?

사람들에게 5년 안에 스스로 운전하는 무인 자동차가 나올 것 같냐고 물으면 대부분 고개를 끄덕이지만, 시각 장애인이 운전하는 차가 나올 것 같냐고 물으면 갸우뚱한다.

사실 무인 자동차처럼 센서를 이용해 '컴퓨터'가 운전할 수 있으면, 같은 원리로 앞을 못 보는 '사람'이 운전하는 데도 문제가 없다. 비행기도 오토 파일럿(Auto Pilot, 항공기의 자동 운전 장치)이라는 컴퓨터가 조종하지만, 비행기를 탈 때 누구도 의심하거나 걱정하지 않는다. 문제는 우리 사회가 이 기술을 받아들일 준비가 되어 있느냐이다.

인간은 누구나 행복한 삶을 누릴 권리가 있다. 데이비드와 브라이언 프로젝트는 우리가 이 문제에 어떻게 다가갈 수 있는지에 대한 실험이다.

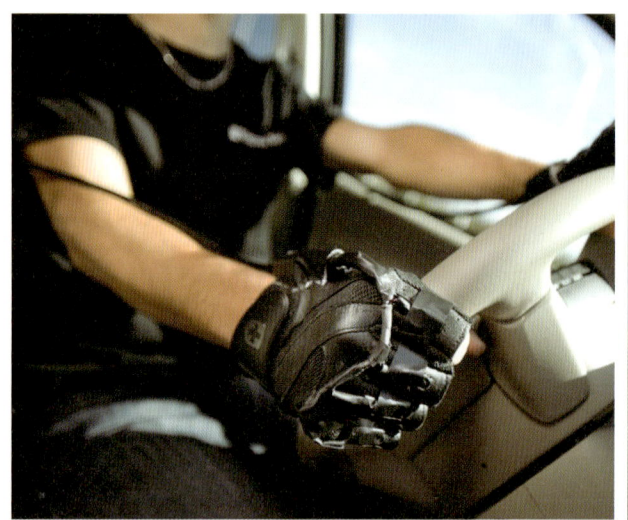 

브라이언은 센서에 감지된 상황을 장갑과 의자에 진동으로
보내 운전자에게 전달한다.

과 긴장으로 잔뜩 굳은 마크의 얼굴을 보니 눈시울이 뜨거워졌다. 마크에게 오늘은 무척 특별한 날이었다.

'누군가에게는 평범한 일상이, 마크에게는 그토록 기다려 오던 순간이구나!'

브라이언을 운전하는 마크의 행복한 표정을 보자 그동안 힘들었던 기억이 눈 녹듯 사라졌다. 바로 저런 모습을 그리며 시각 장애인용 자동차를 개발해 왔다.

많은 사람들이 브라이언의 성공을 축하했다. 무엇보다 시각 장애인 친구들의 칭찬이 가장 기뻤다. 나는 그들을 위한 자동차를 만들며 친구가 되었다. 마음이 통하자, 사람들이 불가능하다고 했던 일도 함께 이룰 수 있었다. 우리는 서로를 응원하는 파트너가 되어 있었다.

나는 브라이언을 미국 시각장애인협회에 기증하기로 했다. 시각 장애인이 실제로 운전을 하려면 아직도 많은 연구가 필요하기 때문이다. 그곳에서 브라이언은 다양한 사람들의 노력으로 계속 발전할 것이다. 지금 이 시각에도 볼티모어 주에는 시각 장애인을 위한 운전 학교가 설립되는 중이다.

나는 언젠가 시각 장애인과 나란히 도로를 달리는 꿈을 꾼다. 그리고 그 꿈을 이룰 때까지 결코 멈추지 않을 것이다.

꿈의 무대에 서다

'테드(TED)'라는 강연회를 아는 친구가 있을까?

테드는 '좋은 아이디어를 널리 퍼뜨리자(Ideas Worth Spreading)'는 취지 아래 매년 열리는데, 인터넷으로 누구나 볼 수 있게 되면서 더욱 유명해졌다.

사회, 문화, 과학 등 여러 분야에서 큰 공을 세운 이들이 연사로 나서는 테드를 두고, 사람들은 '세계 지식인의 축제'라고 말한다.

하지만 아무리 유명한 사람이라도 연설 시간은 단 18분! 전 세계인은 귀를 쫑긋 세우고 기꺼이 이들의 이야기를 듣는다.

바로 그 테드에서 나를 연사로 초청하고 싶다는 메일이 왔다! 메일을 확인한 순간, 나는 의자에서 벌떡 일어나 만세를 외쳤다. 더 솔직히 말하면 펄쩍펄쩍 뛰면서 마구 몸을 흔들어 댔다! 얼마나 기분이 좋은지 자면서도 웃음이 멈추지 않았다. 테드를 볼 때마다 나도 언젠가는 저 무대에 서고 싶다고 꿈꿔 왔는데, 그 소원이 이루어지다니…….

'테드의 목적이 좋은 아이디어를 널리 퍼뜨리자는 거니까, 거기에 어울릴 만한 주제를 찾아야겠다. 뭐가 좋을까?'

그때 생각난 것이 시각 장애인용 자동차를 개발한 이야기였다.

시각 장애인용 자동차를 만든 경험은 나를 예전보다 나은 사람으로 만들어 주었다. 과학자로서도, 사람으로서도 값진 깨달음을 얻었다. 사람을 위한 따뜻한 기술을 연구하는 과학자가 되어야겠다고 마음먹은 것도 이때부터다.

'내가 감동받은 일이라면 다른 사람에게도 좋은 영향을 주지 않을까?'

주제를 정하고도 나는 불안한 마음에, 시계를 앞에 두고 연습에 연습을 반복했다. 연설문을 여러 번 고쳐 쓰며, 강연을 앞둔 긴장을 달랬다.

2011년 3월 3일, 드디어 그날이 왔다. 나는 꿈에 그리던 테드 무대에 서서, '시각 장애인을 위한 자동차를 만드는 일(Making a car for blind drivers)'이라는 제목으로 강연을 시작했다.

전 세계 사람들이 지켜보는 가운데, 최선을 다해 진심을 전했다. 강연은 순식간에 끝났다. 우레와 같은 박수가 터져 나왔다. 나의 테드 동영상은 인터넷에서 인기 있는 강연 중 하나가 되었다.

그리고 얼마 뒤, 한 연구소에서 무척 반가운 연락이 왔다.

"저희는 시각 장애인을 위한 기술을 개발하는 연구소입니다. 데니스 홍 교수님이 하신 테드 강연을 무척 감명 깊게 들었습니다. 시각 장애인을 위한 차량을 만드는 일에 저희가 할 일은 없을까요?"

테드 무대에서 전하고 싶었던 나의 진심이 통한 것이다!

이 연락을 시작으로 반가운 소식이 연달아 도착했다. 뜻을 함께하는 사람들이 손을 잡았다. 한 사람이라도 더 내 강연을 접하고, 내가 전한 메시지에 귀 기울인다면. 또 그런 사람이 하나둘 늘어난다면. 이런 힘이 모이면 세상이 조금 더 나아지지 않을까?

꿈의 무대이자 꿈을 만든 무대, 테드! 테드는 세상에 보탬이 되고 싶다는 내 바람을 도와주었다. 나는 이런 작은 시작이 세상을 조금씩, 조금씩 바꾸어 나갈 수 있다고 믿는다.

개구쟁이에서 로봇 박사로, 데니스 홍의 변신 설계도

눈망울을 빛내던 세 살짜리 장난꾸러기 데니스의 유쾌함은 지금도 여전하다. 심지어 주위 사람들에게 전염되니 조심할 것!

"매킨토시 천재들"

〈스타워즈〉를 보며 꾸었던 꿈 '하나'는 교수가 되어 학생들과 함께하며 '둘'이 되고, 꿈꾸는 소년들과 만나 점점 커져 나간다.

또 다른 선택의 기회가 있었다면 요리사 데니스 홍이 되었을지도…… 못 이룬 꿈은 '로봇을 주방에서 활용할 수 있는 방법이 없을까'라는 아이디어로 발전했다.

4장

세상과 나누는 꿈

나눔은 곧 발전이 된다

꿈의 공장 로멜라! 로멜라에서는 누구나 평등하다. 번뜩이는 아이디어만 있다면 누구든지 주인공이 될 수 있다.

시작은 항상 '토론'이다. 연구원들과 이야기하다 보면 눈에 띄는 아이디어가 있다. 그 아이디어를 놓고 모든 연구원이 모여 토론을 벌인다. 정해진 시간은 없다. 토론은 꼬리에 꼬리를 물고 뜨겁게 이어지고, 아이디어는 점점 발전한다!

이렇게 다듬은 아이디어가 그럴싸하다면, 연구 제안서를 만들어서 제출한다. 그 연구 제안서가 채택되면 로멜라의 정식 프로젝트로 자리 잡는다. 학년이 높든 낮든, 경력이 있든 없든 아무 상관없다.

이런 연구 가운데 2004년부터 시작된 '휴머노이드 프로젝트'가 있다. 인간과 비슷한 모습, 인간을 닮은 인공 지능을 갖춘, 인간을 이롭게 할 로봇을 만들고자 하는 바람에서 출발한 프로젝트다.

로봇의 이름은 '다윈(DARwIn)'. 다윈은 매년 새로운 방식을 실험해 보고, 기능을 추가해 더욱 똑똑해졌다. 2008년에는 무술을 하는 것처럼 빠르고 날렵한 동작까지 할 수 있게 되었다.

"혹시 다윈을 구입할 수 있나요?"

"죄송합니다. 연구소에서는 로봇을 판매할 수 없습니다."

점점 진화하면서 다윈은 무척 유명해졌다. 많은 대학 연구실에서 교육용으로 사용하고 싶다고 연락해 왔다. 나 역시 다윈이 다양한 분야에서 활약하는 모습을 보고 싶었다.

고민 끝에 미국 과학재단에 연구 제안서를 제출했다. 고성능 다윈-HP와 저렴한 다윈-OP를 개발해, 미국 13개의 대학교에 나누어 주겠다는 내용이었다. 연구 제안서는 곧 채택되었다. 그리고 미국의 퍼듀 대학, 펜실베이니아 대학, 한국 기업 로보티즈, 그리고 로멜라가 함께 연구를 시작했다. 그렇게 해서 다윈은 세상에 다시 태어나게 되었다!

다윈-OP는 내게 특히 사랑스러운 로봇이었다. 많은 사람들이 다윈-OP를 사용하면서 즐거워할 생각을 하면 정말 뿌듯했다. '사람을 돕는 로봇'을 만들겠다는 꿈이 눈앞에 이루

인공 지능
인간의 지능이 가진 학습, 추리, 적응, 논증 등을 구현하는 시스템.
사람을 닮은 휴머노이드 로봇에는 인공 지능이 탑재되어 있다.

세상과 나누는 꿈　129

어진 것이다.

　약속대로 다윈은 여러 대학에 배포되었다. 하지만 만족스럽진 않았다. 지금보다 더 많은 사람이 다윈과 만나야 했다. 다윈이 보급된다면 로봇에 대해 교육하거나 연구하는 사람들에게 큰 도움이 될 수 있을 터였다. 주변 사람들과 이 고민을 나누다가 '오픈 소스(Open Source)' 이야기가 나왔다.

　"오픈 소스라면 기술을 공짜로 개방하는 거잖아. 누구든 원하는 사람은 내용을 볼 수 있는 건데……. 어렵게 만든 기술인데 괜찮겠어?"

　걱정하는 사람도 있었지만, 고맙게도 다윈을 함께 개발한 사람들은 모두 찬성했다. '다 함께 더 큰 목표를 이루자'는

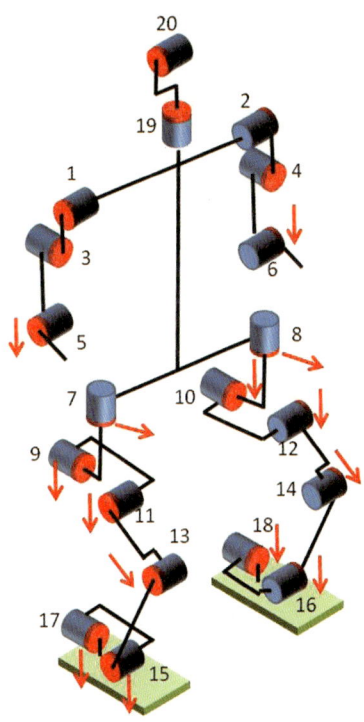

다윈-OP의 모든 것을 공개한 뒤, 다윈으로 만든 재미난 동영상이 유튜브에 올라오기 시작했다. 다윈은 오픈 소스가 성공을 거둔 훌륭한 사례였다!

뜻에서였다.

그날 밤, 떨리는 마음으로 다윈의 모든 것을 인터넷에 공개했다. 간단한 공작 기계로도 만들 수 있도록 부속, 부품, 조립 설명서까지 모두 남김없이!

결과는 놀라웠다.

전 세계 곳곳의 로봇 연구소와 학교에서 다윈을 만들었다는 소식이 들려왔다.

로봇을 좋아하는 사람들은 다윈을 만들어 블로그에 자랑하는 글을 올렸다. 다윈을 조금씩 바꿔 새롭게 만들기도 하고, 다윈을 주인공으로 재미있는 동영상을 찍기도 했다.

로봇 학회에서도 다윈을 많이 만날 수 있었다. 다윈을 로봇 실험에 쓴 논문이 속속 발표되었다. 다윈의 모든 것을 공개한 지 1년도 되지 않았는데, 300여 대가 넘는 다윈이 세상을 누비게 된 것이다!

다윈을 모든 이들과 공유하기로 한 건 정말 잘한 일이었다. 다윈의 오픈 소스 덕분에 이제 사람들은 전보다 자유롭게 휴머노이드를 연구할 수 있게 되었다.

로멜라의 모든 아이디어도 전 세계와 공유하기로 마음먹었다. 누구든 원하면 로멜라의 기발한 생각을 무료로 쓸 수 있다. 나는 이런 나눔이 인류가 발전하는 데 도움이 되리라 생각한다.

내가 다윈을 공개하며 사용자들에게 부탁한 것은 딱 한 가지다.

"우리는 다윈의 모든 것을 누가 어떻게 사용하든 상관하지 않습니다. 그러나 100퍼센트 공짜는 아닙니다. 새로운 것을 개발하면 로멜라가 그랬듯 나누어 주십시오. 사용자 커뮤니티에 공개하십시오."

그리고 이 말은 현실이 되었다. 많은 사람들이 받은 만큼 나누기 시작했다. 덕분에 로봇 기술이 엄청난 속도로 발전하고 있다.

좋은 것을 나누면 배가 된다! 더 많은 사람들이 이런 움직임에 함께한다면 참 좋겠다.

인간과 로봇, 모두의 월드컵을 향해

전 세계 로봇 과학자의 축제, 로보컵! 로보컵은 로봇들의 월드컵인 셈인데, 자율적으로 움직이는 로봇으로 이루어진 팀들이 벌이는 축구 대회다. 1년에 한 번, 일주일 동안 열린다. 로보컵의 공식 목표는 2050년까지 인간의 월드컵 우승 팀과 경기를 해서 이기는 것이다.

로멜라는 2007년에 휴머노이드 '다윈'을 앞세워 처음으로 로보컵에 출전했다. 인공 지능 기능을 가진 다윈은 스스로 공을 찾아서 찰 수 있는 똑똑한 로봇이었다. 하지만 첫 경기의 결과는 패배였다. 그것도 완패!

"교수님, 다윈이 넘어졌어요!"

연구실에서 제대로 작동하던 다윈이 경기장에서는 맥을

못 췄다. 경기장 바닥에 깔린 카펫의 두께나 감촉이 조금이라도 달라지면 제대로 걷지도 못했다. 픽 쓰러져 버리는 일이 다반사였다. 창가의 햇빛이 사라지면 시각에 문제가 생겨, 공을 못 찾고 경기장을 헤매고 다니기도 했다.

"으악! 다윈, 뭐 하는 거야!"

나는 터지는 웃음을 참으며 머리카락을 쥐어뜯었다. 주위 사람들은 숨죽여 키득키득 웃고 있었다.

한 경기에서는 다윈이 넘어지면서 목이 부러졌다. 그런데 머리는 땅에 그대로 둔 채 몸만 일어서서는 빙글빙글 제자리를 도는 게 아닌가? 아아……!

또 한 대의 로봇 축구 선수! 얼굴을 검정 방어막으로 가린 채 번쩍이는 흰 갑옷을 입고 뛰는 로봇, 찰리(CHARLI)다. 1.5미터 높이의 찰리는 두리번거리며 주황색 축구공을 향해 걸어간다.

실수 연발이던 로멜라의 선수들은 시간이 흐르면서 훌륭한 모습으로 변했다. 2010년에 열린 로보컵에서는 찰리가 성인 사이즈 부문에서 3위를 차지했다. 몇 년 동안 차근차근 업그레이드한 결과였다.

그리고 2011년 로보컵! 로멜라는 이번 로보컵에서 더 높은 순위를 기록해 보자는 야심으로 똘똘 뭉쳐 있었다.

"찰리! 할 수 있어!"

2011 로보컵. 로멜라의 찰리2가 성인 사이즈 부문에서 우승했고, 다윈-OP도 어린이 사이즈 부문에서 우승했다.

"가자! 찰리! 한 골 넣는 거야!"

찰리가 공을 향해 걸어간다. 골대 앞의 골키퍼를 보고, 공을 찰 준비를 한다. 상대편 골키퍼 역시 휴머노이드 로봇이다. 찰리는 잠시 멈췄다가 오른쪽 발로 공을 '툭' 찬다. 경기를 지켜보던 수많은 사람들이 침을 꿀꺽 삼킨다.

"고오오오오올!"

손에 땀을 쥐고 지켜보던 우리는 펄쩍펄쩍 뛰며 환호성을

질렀다. 얼마나 기다리던 순간인지! 로보컵 2011의 마지막 날, 우리의 찰리는 결승전에서 드디어 우승을 거머쥐었다.

어린이 사이즈 부문에서도 로멜라의 다윈-OP가 우승을 차지했다. 2007년에는 머리를 내팽개치고 몸만 돌아다니던 로봇이 몇 년 만에 세계 챔피언이 되다니! 우리가 생각해도 대단한 결과였다.

게다가 찰리는 '베스트 휴머노이드'에 뽑혀, 세계 휴머노

처음 만난 그 순간, 나는 사랑의 마법에 걸리고 말았다.
빨간 펠트 천으로 마무리된 우아한 루이비통 모노그램 케이스.
그 속에서 눈부시게 빛나던…… 루이비통 휴머노이드컵!

이드 부문에서 가장 권위 있는 상인 '루이비통 휴머노이드 컵' 트로피까지 받았다.

로멜라의 로봇들은 로보컵 2012년에 이어 2013년과 2014년에도 우승하며 4년 연속 세계 챔피언 자리를 지키고 있다.

무게가 가볍고, 안정적으로 걷는 솜씨가 일품인 찰리는 카메라로 세상을 본다. 자기가 본 세상을 스스로 생각하는 인공 지능 기술도 뛰어나다.

"찰리를 우리 프로그램에 꼭 출연시키고 싶습니다. 언제가 좋을까요?"

로보컵에서 승리한 뒤, 찰리는 무척 유명해졌다. 미국 최초의 휴머노이드로 인정받아 여러 매체에서 앞다퉈 소개했다. 최고의 과학 잡지인 〈파퓰러사이언스〉 표지에도 나오고, 다양한 텔레비전 프로그램에 출연해 장기를 선보였다. 찰리와 내 사진이 박힌 펩시 캔 음료가 나오기도 했다! 나는 사람들이 찰리를 통해 로봇을 예전보다 가까운 존재로 느낄 수 있길 바랐다.

찰리는 스스로 생각해서 공을 찬다. '뻥' 차는 것도 아니고 '툭' 차는 움직임이 그렇게 대단하냐고? 대단하다! 인간의 조종 없이, 축구 하는 로봇을 만들려면 최첨단 과학 기술이 필요하다. 찰리는 로봇 기술이 얼마나 발전했는지를 보여 주는 소중한 존재다.

인류를 구할 로봇 프로젝트

나는 지금 엄청난 도전을 준비하고 있다. 바로 다르파(DARPA)가 개최하는 '국제 재난 구조용 로봇 대회'다. 재난 구조용 로봇이라니! 사람을 위한 기술을 개발해야 한다는 마음으로 로봇을 연구해 온 나에게 운명 같은 대회가 아닐 수 없다.

8개 과제는 차량 이동(Vehicle), 지형 통과(Terrain), 장애물 치우기(Debris), 문 열고 통과하기(Door)

'세상을 구할 로봇을 만들 기회다!'

그런데 도전 과제가 너무나 어려웠다. 도전에 참가하는 로봇들은 큰 재난이 일어난 현장처럼 꾸민 곳에서 여덟 가지 임무를 차례대로 완수하고 탈출해야 한다.

첫 번째, 로봇이 자동차에 올라타 목적지까지 스스로 운전하고 가야 한다.

두 번째, 차에서 내려 나무와 덤불이 있는 100미터 거리의 길을 통과해야 한다.

세 번째, 건물 입구에 쌓인 다양한 장애물을 치워야 한다.

네 번째, 건물의 문을 열고 안으로 들어가야 한다.

다섯 번째, 사다리를 타고 올라간다.

여섯 번째, 공구를 이용해 콘크리트 벽을 부수고 들어간다.

일곱 번째, 물이 새는 파이프를 찾아 밸브를 잠근다.

여덟 번째, 고장 난 부품을 새것으로 교체한다.

나는 여덟 가지 임무를 완수할 로봇을 만들기 위해 '토르

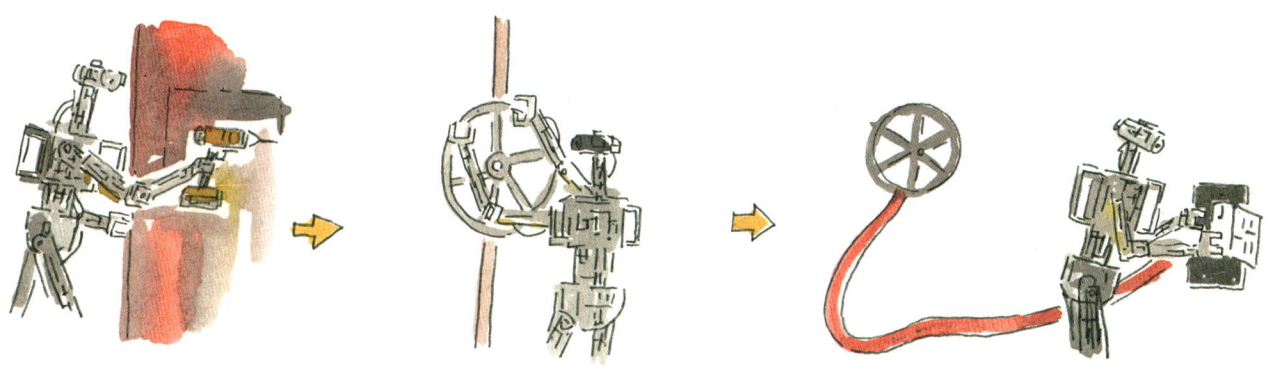

사다리 오르기(Ladder), 석고 벽 자르기(Wall), 밸브 핸들 잠그기(Valve), 호스 노즐 조작(Hose) 등이다.

(THOR)'라는 팀을 꾸렸다. 2013년 12월 재난 구조용 로봇 대회 예선에는 수백 개의 팀이 도전장을 냈다. '토르'는 Track A(직접 로봇을 개발하는 팀)의 6개 팀 중 하나로 선정되었다.

본선은 2015년 6월에 열린다. 상금과 연구비도 어마어마하다. 내가 도전한 대회 중 가장 어렵고, 가장 이기고 싶은 도전이다.

하지만 이 대회에서 승리하는 것보다 더 중요한 사실이 있다. 만약 재난 구조용 로봇 대회의 과제를 모두 해결하는 로봇이 있다면, 그 로봇은 인류를 위해 엄청난 일을 할 수 있다.

태풍, 홍수, 지진……. 수많은 생명을 앗아가는 무서운 자연재해는 인간의 힘으로 막을 수 없다. 황폐해진 도시는 또 어떤가? 무너진 건물에서는 폭발이 일어나고, 거리는 엉망이 된다. 말 그대로 자연재해는 모든 것을 파괴한다.

2011년 3월 11일, 일본에 엄청난 대지진이 발생했다. 그 당시의 피해 규모도 어마어마했지만, 더 심각한 문제가 생겼다. 후쿠시마 원자력 발전소가 지진에 피해를 입으면서 방사능이 유출된 것이다.

방사능은 인간을 사망에 이르게 하기 때문에 치명적이다. 그래서 누구도 섣불리 원자력 발전소에 다가가지 못한다. 그럴 때 재난 현장에서 활동하는 로봇이 있었다면 얼마나 좋았을까!

우리 세계에는 생명을 구하는 로봇이 필요하다. 나는 그런 로봇을 만들겠다는 꿈을 안고 다시 도전을 시작한다. 언제나 반짝이는 눈으로, 즐기면서!

다르파에서 재난 구조용 로봇 대회를 연 이유

2011년 일본 후쿠시마 원자력 발전소에서 사고가 난 뒤, 세계 최고라는 일본의 휴머노이드 로봇 '아시모'도, 미국에서 긴급하게 지원한 폭발물 제거 로봇 '팩봇'도 지진으로 무너진 험난한 지형과 고방사능 환경을 헤치고 현장에 들어가지 못했다.

결국 닷새 뒤, 도쿄 전력은 철수했던 기술자 가운데 50명의 최후 결사대를 현장에 재투입했다. '후쿠시마 원전 결사대 50인'은 최소 100~250밀리 시버트의 방사능에 노출되어, 2주 안에 치명적인 혈액암과 피부암 등으로 사망할 가능성이 있는 사지로 들어갔다. 이 당시 세계 로봇 과학자들은 큰 충격에 빠졌다. 그동안 개발했던 각종 재난 구조용 로봇들은 '후쿠시마의 영웅'을 대신할 수 없었다.

이를 계기로 다르파는 전 세계 로봇 공학자를 상대로 후쿠시마 원전 사고 때와 유사하게 설정한 재난 상황을 로봇이 해결하는 '국제 재난 구조용 로봇 대회'를 열었다.

과학자의 가슴으로 인간을 생각하라

로멜라는 과학을 사랑하는 누구에게나 열린 공간이다. 주말이면 로봇을 좋아하는 아이들이 부모님의 손을 잡고 방문하는 경우가 많다. 처음 방문객을 맞는 로봇은 로멜라의 마스코트인 '마스'다. 로봇의 환영 인사를 받은 방문객은 걸어 다니는 로봇, 주방 일을 하는 로봇들을 만나면 입이 떡 벌어진다.

"우아!"

도마 위의 야채를 척척 썰고, 계량컵으로 쌀을 퍼 밥솥에 붓는 로봇은 아이들의 사랑을 독차지하는 인기 스타다.

"아저씨! 어제 텔레비전에 나온 악당 로봇은 펄쩍펄쩍 뛰면서 물건도 마구 집어 던지던데 여기 로봇들도 그렇게 할

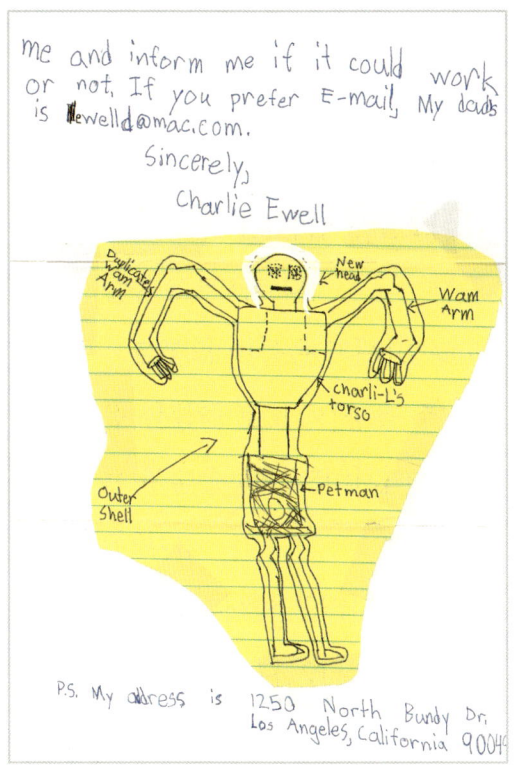

로멜라에는 초·중·고생 자녀가 있는 가족이 많이 방문하는데, 휴머노이드 로봇인 찰리와 사파이어가 인기가 가장 많다.

수 있어요?"

"하하하, 아직 그런 기술은 없어요. 연구하고 있으니 언젠가는 볼 수 있겠지요?"

아이들과 이야기를 나누고 있으면 어른들도 슬쩍 질문을 던진다.

"이 로봇들이 언젠가 반란을 일으켜서 인간을 공격하지는 않을까요……?"

자못 진지한 표정이다. 아마 인간을 상대로 전쟁을 일으키는 로봇 영화를 보고 걱정이 된 모양이다. 인간에게 불만을 품은 로봇이라, 무척 흥미진진한 소재이기는 하다!

〈터미네이터〉의 인공 지능 컴퓨터 '스카이넷'은 인간을 적으로 판단해, 핵전쟁을 일으키고 로봇으로 전쟁을 벌인다. 스탠리 큐브릭 감독의 〈2001: 스페이스 오디세이〉에서도 목성으로 향하는 우주선에 설치된 인공 지능 컴퓨터가 사람을 죽이고 그 우주선을 차지한다. 하지만 영화는 영화일 뿐이다.

"안심하세요! 그런 일은 절대 일어나지 않을 겁니다."

나는 로봇이 인간을 공격하면 어쩌느냐는 질문에 웃으면서 안심하라고 대답한다. 그러나 그런 질문을 우스갯소리로만 넘길 수는 없다. 로봇 기술은 나날이 발전하고 있다. 이런 기술을 좋은 곳에만 쓴다면 문제가 없다. 하지만 그렇지 않다면?

나는 지금 미 해군이 화재를 진압할 때 사용할 휴머노이드 로봇 '사파이어(SAFFiR)'를 만들고 있다. 사파이어는 불이 난 곳을 향해 소방 호스로 물을 뿌리고, 5미터 밖까지 소화기를 던질 수 있는 로봇이다. 그런데 이 로봇을 전혀 다른 일에 쓴다면 어떤 일이 벌어질까? 여기에 생각이 미치자 온몸에 소름이 돋았다.

'사파이어가 소방 호스 대신 총을 겨눈다면? 소화기 대신 수류탄을 던진다면?'

전쟁터에 나가 있는 사파이어라니! 상상만으로도 끔찍했다. 하지만 그런 일이 없을 거라고 장담할 수는 없다. 사파이어가 내 손을 떠나는 순간, 내 역할은 모두 끝나기 때문이다. 미 해군이 사파이어를 어떻게 쓰든지 나는 전혀 간섭할 수 없다.

나는 사람의 생명을 구하기 위해 사파이어를 만들었다. 사파이어뿐만이 아니다. 어떤 로봇을 만들든지 내 신념은 한결같다. 로봇은 사람을 돕는 따뜻한 기계이다. 우리 편이든 남의 편이든, 생명을 해치는 로봇은 결코 만들지 않는다.

"교수님, 국방용 전투 로봇을 만들어 보지 않겠습니까?"

"아니요. 거절하겠습니다."

가끔 이런 제안을 받을 때마다 단칼에 거절한다. 무기를 든 로봇이라니?

세상과 나누는 꿈

"생각을 조금 더 해 보시지요. 연구비 지원은 충분히 하겠습니다."

"사람을 해칠 로봇은 무슨 일이 있어도 만들지 않습니다."

전쟁 무기로 쓸 로봇은 만들지 않겠다는 내 생각은 확고하다. 하지만 내가 개발한 로봇이 의도와 다른 곳에 쓰일 가능성을 생각하면 무척 괴롭다.

존경받는 과학자 알버트 아인슈타인도 엄청난 죄책감에 시달렸다. 아인슈타인의 특수 상대성 이론이 핵폭탄을 만드는 과정으로 이어졌기 때문이다. 핵폭탄이 인류의 문명과 수많은 생명을 앗아 가는 장면을 목격한 아인슈타인은 평생을 반핵 운동가로 살았다.

물리학자 알프레드 노벨이 발명한 다이너마이트 역시 전쟁 무기로 쓰였다. 노벨은 광산, 도로 등 어려운 공사에 쓰려고 다이너마이트를 만들었지만, 사람을 더 많이, 더 빨리 죽이는 방법을 개발해서 부자가 되었다는 비난에 휩싸였다. 죄책감에 괴로웠던 노벨은 자신의 재산을 세계 평화에 이바지한 사람에게 나누어 주라고 유언을 남겼다. 그렇게 시작된 것이 바로 '노벨상'이다.

나보다 앞서 과학자로 살았던 이들의 고뇌를 떠올리며 내가 만약 아인슈타인이었다면, 노벨이었다면, 하고 상상해 본다. 나라면 어떻게 했을까? 지금의 나는 어떻게 해야 할까?

내게 로봇은 사람을 돕고, 세상을 이롭게 하는 도구다. 이런 목적으로 개발한 내 로봇이 어쩌다가 전쟁터에 서 있을 수도 있다. 몸서리쳐지는 일이다.

'그런 경우를 생각한다면 로봇을 아예 만들지 말아야 할까?'

이런 고민을 마주할 때마다 나는 '망치'를 떠올린다.

'망치는 못을 박을 때 쓰는 도구야. 하지만 망치를 사용해 누군가를 해치려고 할 수도 있지. 만약 그렇게 해서 사고가 났다면 망치를 발명한 사람이 책임져야 하는 걸까?'

내 생각에, 잘못한 건 나쁜 마음을 먹고 망치를 사용한 사람이다. 결국 도구의 문제가 아니라 이를 사용하는 사람의 문제라고 생각한다.

과학 기술은 점점 발전해 사람들에게 여러 가지로 도움을 준다. 그 도움을 어떻게 사용하느냐는 전적으로 우리에게 달려 있다. 그러니 로봇을 사용하는 한 사람, 한 사람이 책임감을 가질 필요가 있다.

또한 로봇을 만드는 사람에게도 책임감이 필요하다. 돈을 많이 벌기 위해 혹은 아무 생각 없이, 옳지 않은 목적의 로봇을 만드는 건 굉장히 위험하다. 제대로 된 과학자라면 자신이 하는 일이 사회에 어떤 영향을 끼칠지 늘 고민해야 한다.

나는 시각 장애인용 자동차를 만들면서 따뜻한 세상을 맛보았다. 시각 장애인 친구들과 뭉쳐 밤새 연구하던 시절은 참 행복했다. 이때의 경험이 '사람을 돕는 따뜻한 로봇을 만들고 싶다'는 어린 날의 꿈을 선명하게 일깨워 주었다. '이 로봇이 누구를 행복하게 할 수 있을까?' 로봇 하나하나를 만들 때마다 나는 이런 마음으로부터 출발한다. 그리고 오늘도 그 기분 좋은 상상으로 하루를 시작한다.

로멜라 로봇, 명예의 전당

아메바 로봇
(Whole Skin Locomotion)

외부 환경과 닿으면 생기는 마찰로 움직이는 로봇.

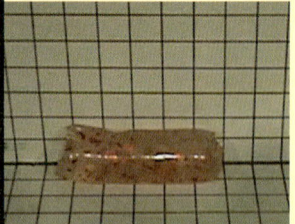

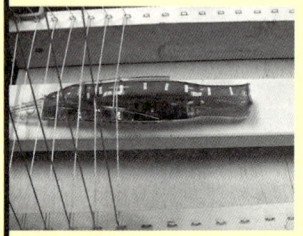

카이메라 (ChIMERA)
화학적인 방식으로 구동하는 아메바 로봇.

하이드라스 (HyDRAS)
공사장에서 인부들을 도울 수 있는 뱀 로봇. 뱀의 형태를 빌려 왔지만, 움직이는 방식은 아메바 로봇과 비슷하다.

임패스 (IMPASS)
바퀴와 다리를 합친 새로운 개념의 기동성 로봇.

클라이머 (CLIMBeR)
절벽을 오르내릴 수 있어서 화성 탐사도 가능한 로봇. 암벽 등반가처럼 윈치로 줄을 타고 이동하는 방식으로 움직인다.

마스 (MARS)
도마뱀 발바닥의 원리를 이용하여 무중력 상태에서도 절벽을 오르내릴 수 있는 로봇.

사파이어(SAFFiR)
화재 진압을 위해 만든 휴머노이드 로봇.

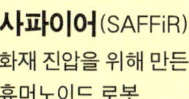
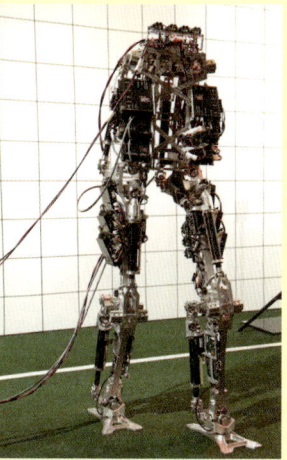

스트라이더(STriDER)
머리를 땋는 모습에서 착안한 새로운 형태의 생체 모방 로봇.

다윈(DARwIn)
2004년부터 점점 발전해 온 휴머노이드 로봇. 많은 사람이 교육용으로 사용할 수 있도록 오픈소스로 공개했다.

찰리(CHARLI)
2011년 로보컵에서 로멜라 팀에 '루이비통 휴머노이드컵'을 안겨 준 휴머노이드 로봇.

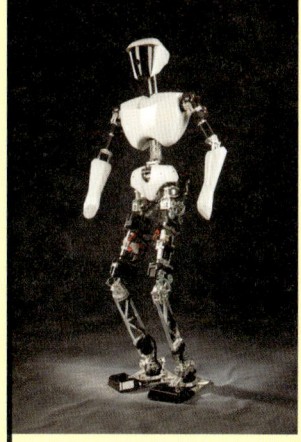

토르(THOR)
다르파 로봇 챌린지에 참가한 로멜라 팀의 재난 구조용 로봇.

탈러(THALeR)
가늘고 긴 다리는 부피가 커져도 무거워지지 않고 10미터 높이로도 변형이 가능하다는 생각으로 탄생한 로봇.

?

다음엔 어떤 로봇이 명예의 전당에 서게 될까?

• 글쓴이의 말

부모님, 선생님들께

안녕하세요? 데니스 홍입니다.

《로봇 박사 데니스 홍의 꿈 설계도》는 지금껏 자라 오며 겪은 이야기들과 꿈을 담은 책입니다. 제 바람은 이 책을 통해서 어린이들이 제대로 된 꿈을 꾸고, 그 꿈을 올바르게 좇아 행복한 이들로 성장했으면 하는 것입니다. 행복한 사람이 많은 건강한 사회에서 제대로 자라난 어린이들이 이끌어 나갈 세상을 지켜보는 것이 제 꿈이거든요.

하지만 아무리 어린이들이 이 책을 재밌게 읽고 마음속에 새겨도, 결국에는 부모님, 선생님들의 도움 없이는 꿈을 이룰 수 없겠지요. 그래서 저는 여러분들의 힘이 필요하답니다!

우리나라에서는 어린 나이부터 '공부' 부담감에 시달려 꿈을 키우는 데 무엇보다 중요한 시기를 놓치는 어린이들을 자주 봅니다. 어린이들은 언제나 나가서 뛰어놀 수 있고, 제한 없이 마음껏 꿈을 꿀 수 있는 특권을 가지고 있는데 말이죠. 물론 부모님들이 내 자녀가 커서 좋은 학교, 좋은 직장에 다니며 성공한 사람이 되길 원하는 것은 당연합니다. 하지만, 어렸을 때부터 다니기 싫은 학원에 다니며 늦게까지 공부를 하는 것이 진정으로 이들을 행복한 삶과 성공의 길로 가도록 도와줄까요? 책을 읽으셨다면 아시겠지만, 저는 어렸을 때부터 엄청난 장난꾸러기였습니다. 그뿐만 아니라 초등학생 때는 성적표에 '가'도 많았고, 공부보다는 호기심 가득한 눈으로 자연에서 뛰어노는 것을 좋아하는 어린이였답니다. 집 안에 있는 모든 가전제품을 뜯어내고 망가트려도 혼내지 않으셨던 부모님의 현명한 이해심과 언제나 내가 필요로 할 때 기댈 수 있는 부모님의 든든한 사랑을 진정으로 느끼며 자랐습니다. 오늘날 저를 만든 부모님의 이해심과 사랑은 현재 제가 아들에게 실천하고 있는 교육이기도 합니다. 그래서 저는 여러분께 정말로 중요한 몇 가지를 부탁드리려고 합니다.

창의력을 위해서는 무엇보다 부모의 인내심이 필요합니다

호기심으로 저지른 사고와 어린이라면 누구나 저지르는 실수들을 인정해 주세요. 이럴 때 꾸지람을 들은 아이들은 기가 죽어서 나중에 커서도 새로운 도전과 생각을 하지 않게 된답니다.

좋아하고, 잘하고, 가치 있는 일들을 꿈으로 찾도록 풍부한 경험을 시켜 주세요

가족과 함께 익숙하지 않은 문화 속으로 여행을 떠나도 좋습니다. 주말에는 자연사박물관, 과학관, 미술관에 데리고 가세요. 어린이들은 본인이 자란 환경과 경험 속에서 자신의 꿈을 찾습니다. 새로운 것들을 접하고 많은 경험을 할수록 자신의 꿈을 찾을 수 있는 가능성이 높아집니다. 인생에서 자신의 꿈을 찾고, 그 꿈을 좇고, 그 꿈을 이루는 것보다 중요한 건 없습니다.

자녀를 격려해 주고 칭찬해 주세요

남들과 비교하지 말고, 잘한 것은 잘했다고 남들 앞에서 말해 주세요. 이는 아이들의 사기를 올려 주고 자신감을 키워 줍니다. 잘하는 것은 더욱더 잘하게 되고, 새로운 것에 도전할 수 있는 용기를 준답니다.

그런데 특별히 잘한 것도 아닌데 "잘했다, 잘했다" 하고 칭찬해 주는 건 오히려 아이들의 올바른 꿈을 키우는 데 방해가 됩니다. 진짜로 잘했을 때만 칭찬해 주세요.

자녀를 마음껏 뛰어놀게 하세요

아이들은 놀이터와 운동장에서 공을 차고, 자연을 친구 삼아 뒷동산에서 뛰놀며 몸과 마음을 키워야 합니다. 책과 사진에서만 봐 왔던 꽃과 곤충들을 직접 관찰하고, 컴퓨터 게임이 아니라 직접 몸을 굴리는 경험을 해야 합니다.

자녀를 혼낼 때는 중요한 세 가지 원칙들을 꼭 지켜 주세요

- 본인의 화 때문에 자녀를 혼내서는 안 됩니다. '자신의 화풀이'가 아니라 '자녀의 미래'를 위해서 혼낸다는 근본적인 이유를 잊지 마세요.
- 어른스러운 태도로 혼내야 합니다. 너무 과한 체벌이라든지 '재미로' 처벌하는 일은 절대로 있어서는 안 됩니다.
- 혼내기 전에 반드시 본인이 왜 혼나는지를 확실히 이해시켜야 합니다. 그렇지 않으면 오히려 반항하는 아이로 클 확률이 높아집니다.

가장 중요한 것은, 부모가 자신을 진정으로 사랑하고 있다는 것을 깨닫게 하는 것입니다

어려서부터 든든하게 의지할 수 있는 부모님이 뒤에 있다는 것을 스스로 느끼게 해야 합니다. 저는 이것이 아이들이 성장하여 건강한 사회의 일원이 되도록 하는 가장 좋은 방법이라고 굳게 믿고 있습니다. 어려울 때 언제든 자신을 지지해 줄 든든한 부모님이 뒤에 있고, 힘들 때는 따뜻하게 안아 줄 부모님이 있다는 것을 가슴으로 느끼며 자란 아이들은, 오히려 독립적이고 남을 배려하는 사람으로 성장합니다. 어떻게 아냐고요? 제가 바로 그렇거든요!

우리 어른들도 가끔 책을 읽거나 강연을 보고 나면 "아, 나도 이 세상을 바꿀 무언가를 하고 싶다!" 하는 가슴 설레는 기분을 느낄 때가 있을 겁니다. 하지만, 대부분은 "아, 난 특별히 위대한 사람도 아닌데 어떻게 세상을 바꾸겠어" 하고 그냥 일상으로 돌아가는 경우가 많습니다. 하지만 말이죠, 세상을 가장 효과적으로 바꿀 수 있는 방법이 바로 올바른 자녀 교육이라는 사실을 알고 계신지요?

부모님, 선생님 여러분!
더 밝은 미래는 바로 여러분의 손에 달려 있답니다! 바로 여러분이 세상을 바꾸는 슈퍼히어로입니다! 여러분은 아이들의 가장 훌륭한 스승이라는 것을 잊지 마세요. 그래서 데니스 홍이 여러분께 감사하다는 말씀을 드리고 싶습니다.

여러분! 저와 함께, 이 세상을 바꿔 보지 않으시겠습니까?

어린이 여러분!

안녕하세요.
로봇 박사 데니스 홍입니다.
《로봇 박사 데니스 홍의 꿈 설계도》 재밌게 읽었나요?
저는 여러분 나이 때 말썽도 엄청 피우던 사고뭉치 장난꾸러기였습니다. 하지만 언제나 호기심 어린 눈으로 세상을 보고, 올바른 가슴으로 남들을 생각해 주고, 용감한 주먹으로 도전을 두려워하지 않았지요.
어린이 여러분은 지금 마음껏 꿈을 꿀 때입니다. 공부도 중요하지만, 나가서 뛰어놀고 책도 많이 읽어야 한다는 것을 잊지 마세요. 여러 가지 경험을 하세요! 자기가 좋아하고, 잘하는 일을 찾고, 그것을 꿈으로 만드세요. 제한 없이 여러 가지 꿈을 꾸고 그 꿈들을 좇으세요. 여러분은 무엇이든 이룰 수 있어요.

꿈은 소중한 것이랍니다. 하지만 또 꿈이 없다고 아직 너무 걱정할 것은 없어요. 누구나 잘하는 것은 있습니다. 그것이 운동이든, 노래든, 로봇이든. 눈을 뜨고, 가슴을 열고, 든든한 부모님과 선생님의 말씀을 잘 들으세요. 열심히 공부도 하고, 책도 많이 읽고, 열심히 뛰어놀다 보면, 자신의 꿈을 발견할 수 있을 거예요.

어린이 여러분!
미래는 여러분의 것입니다!
꿈들을 찾고, 꿈들을 좇고, 그 꿈들을 이루세요!
데니스 홍이 언제나 응원합니다.

파이팅!

2014년 8월 데니스 홍

Never lose that
spark in your eyes!

지은이 • 그린이 소개

지은이 데니스 홍

로봇과 인간의 아름다운 공존과 따뜻한 기술을 고민하는 로봇 과학자입니다. 초등학생 때, 공상 과학 영화 〈스타워즈〉에 열광해 실제 로봇을 만드는 로봇 과학자가 되겠다고 결심했습니다. 매일매일 머릿속에 샘솟는 호기심과 아이디어는 유명한 로봇 박사가 되는 데 큰 역할을 했습니다. 미국 위스콘신 매디슨 대학교, 인디애나 퍼듀 대학원에서 공부를 마치고 2004년 버지니아 공대에 로봇 연구소 '로멜라(RoMeLa)'를 만들었습니다. 번뜩이는 아이디어가 넘쳐흐르는 그곳은, 생각을 현실로 이끌어 내는 '꿈의 공장'입니다. 현재는 캘리포니아 UCLA 기계항공공학과 교수로 일하면서, '로멜라'도 함께 이전하여 새로운 로보틱스 프로그램 개발에 힘쓰고 있습니다.

데니스 홍 박사가 세계 최초로 개발한 시각 장애인이 직접 운전하는 자동차는 〈워싱턴 포스트〉에 '달 착륙에 버금가는 성과'라고 소개되기도 했습니다. 이런 성과로 미 국립과학재단(NSF)의 '젊은 과학자상', 'GM 젊은 연구자상', '미국자동차공학회(SAE) 교육상' 등을 수상했습니다. 전 세계에 교육·연구용으로 모든 소스를 공개한 '다윈-OP'를 비롯해, 생명을 구하는 화재 진압·재난 구조용 휴머노이드 로봇을 개발하며 어린 시절부터 결심했던 꿈을 실현해 나가고 있습니다.

그린이 유준재

1976년에 태어나 홍익대학교에서 섬유미술을 공부하고, 현재는 어린이 책에 그림을 그리고 있습니다. '동물 농장'으로 제15회 노마 콩쿠르(noma concours)에서 입상했고, 《화성에 간 내 동생》《나는 무슨 씨앗일까?》《지엠오 아이》《소년왕》《첫 단추》등에 그림을 그렸습니다. 쓰고 그린 책으로는 《마이볼》《엄마 꿈속에서》가 있습니다.